BÄUME

Kraftplätze und Heiler

Annette Wagner • Peter Michel

NATÜRLICHE WEGE
ZUR GESUNDHEIT

BÄUME

Kraftplätze und Heiler

tosa

Texte von Annette Wagner und Peter Michel
Umschlag von Kraxenberger KommunikationsHaus GmbH

Druck: Ueberreuter Print

Inhalt

Vorwort 13

Kapitel 1: Die Verbundenheit von Baum und Mensch 15

Die Bäume in der Mythologie 17
Die Weltenesche Yggdrasil 17, Das Dilmun-Epos 17, Die Eiche als Götterbaum 18, Die Linde als Göttinnenbaum 19

Die heiligen Bäume der Weltreligionen 19
Der Bodhi-Baum 19, Vishnus Feigenbaum 20, Heilige Bäume in den Schriftreligionen 20

Die Bäume in Brauchtum und Volksglauben ... 21
Alte Überlieferung 21, Bäume und Flaggen 23, Bäume im Sprachgebrauch 24

Baumgeschichten 24
Die Wiedervereinigungslinde 24, Merlins Erleuchtungsbaum 25, Die Eremiten-Eiche 26, Der Baum im Atomzeitalter 26

Kapitel 2: Die Bäume und ihre heilenden Energien 29

Allgemeine Einführung 31

Die Wahl des Baumes 32

Die Energien der Bäume 35
Der Ahorn 35, Der Apfelbaum 37, Die Birke 39, Die Buche 41, Der Buchsbaum 44, Die Eberesche 45, Die Eiche 47, Die Erle 20, Die Fichte 51, Die Haselnuß 54, Die Kastanie 56, Die Linde 58, Die Ulme 60, Der Walnußbaum 62, Die Weide 65

Kapitel 3: Mit Bäumen in Kontakt treten..........69

Baum-Meditationen 71
Der Weg zum persönlichen Lieblingsbaum 71, Der Baum in der Begegnung 72, Die intuitive Baumwahl 72, Die erste Berührung 73, Die rationale Baumwahl 74, Die Nacharbeit 76

Baumöle 77
Allgemeines 77, Die Birke 77, Die Buche 78, Der Buchsbaum 79, Die Fichte 79, Der Ginster 80, Die Kiefer 80, Der Walnußbaum 81, Der Weißdorn 81

Kapitel 4: Der Baumkalender der Kelten..........83

Historischer Rückblick 85
Die Kelten in Mitteleuropa 85, Die Druiden 86, Der Baum als Symbol des Lebens 87

Kapitel 5: Das keltische Baumhoroskop...........89

Das Baumhoroskop als Lebenshilfe 91

Der Apfelbaum (23. Dez. bis 1. Januar und 25. Juni bis 4. Juli)...92
Das Liebesleben der „Apfelbäume" 93

Die Tanne (2. bis 11. Januar und 5. bis 14. Juli)......................94
Das Liebesleben der „Tannen" 95

Die Ulme (12. bis 24. Januar und 15. bis 25. Juli)....................96
Das Liebesleben der „Ulmen" 97

Die Zypresse (25. Januar bis 3. Februar und 26. Juli bis 4. August)..98
Das Liebesleben der „Zypressen" 99
Die Pappel (4. bis 8 Februar, 1. bis 14. Mai und 5. bis 13. August)....100
Das Liebesleben der „Pappeln" 101
Die Zeder (9. bis 18. Februar und 14. bis 23. August)............102
Das Liebesleben der „Zedern" 103
Die Kiefer (19. bis 28. Februar und 24. August bis 2. September)....104
Das Liebesleben der „Kiefern" 105
Die Weide (1. bis 10. März und 3. bis 12. September)............105
Das Liebesleben der „Weiden" 106
Die Linde (11. bis 20. März und 13. bis 22. September)..........107
Das Liebesleben der „Linden" 108
Die Eiche (21. März – Der Frühlingstag der Tagundnachtgleiche)...109
Das Liebesleben der „Eichen" 110
Der Haselbaum (22. bis 31. März und 24. Sept. bis 3. Okt.).......111
Das Liebesleben der „Haselbäume" 112
Die Eberesche (1. bis 10. April und 4. bis 13. Oktober)........113
Das Liebesleben der „Ebereschen" 114
Der Ahorn (11. bis 20. April und 14. bis 23. Oktober)............115
Das Liebesleben des „Ahorns" 116
Der Nußbaum (21. bis 30. April und 24. Okt. bis 2. Nov.).......116
Das Liebesleben der „Nußbäume" 117
Die Kastanie (15. bis 24. Mai und 12. bis 21. November).......118
Das Liebesleben der „Kastanien" 119
Die Esche (25. Mai bis 3. Juni und 22. Nov. bis 1. Dez.)..........119
Das Liebesleben der „Eschen" 120
Die Hainbuche (4. bis 13. Juni und 2. bis 11. Dezember)......121
Das Liebesleben der „Hainbuchen" 121
Der Feigenbaum (14. bis 23. Juni und 12. bis 21. Dezember)...122
Das Liebesleben der „Feigenbäume" 123

Die Birke (24. Juni) 123
Das Liebesleben der „Birken" 124
Der Olivenbaum (23. September) 124
Das Liebesleben der „Olivenbäume" 125
Die Eibe (3. bis 11. November) 126
Das Liebesleben der „Eiben" 126
Die Buche (22. Dezember) 127
Das Liebesleben der „Buchen" 128

Vorwort

Seit Urzeiten spielten Bäume im Leben der Menschen eine große Rolle. Sie fanden ihren Platz in den Mythen und Legenden, sie wurden in Liedern und Moritaten besungen und in Hymnen und Gedichten verklärt. Sie waren Orte der Gerechtigkeit und Orte des Schreckens, sie waren Plätze der Anbetung und der Hinrichtung, sie waren Einkehr für die Dichter und Sänger – sie waren immer „besondere" Wesen und nicht nur große Pflanzen.

In den Weltreligionen spielen Bäume eine entscheidende Rolle, und in vielen Heiligenleben tauchen immer wieder Anekdoten und Begebenheiten auf, die in der Gegenwart von Bäumen spielen oder im Zusammenhang mit Bäumen stehen.

In der Heilkunst galten die Bäume schon seit dem Altertum als außerordentliche Quellen von Kraft und Gesundheit. Tränke und Tinkturen, Umschläge und Salben, alles wurde aus Bäumen und ihren Bestandteilen hergestellt.

Erst in jüngerer Zeit ist der Baum wieder in seiner Funktion als „Kraftfeld" anerkannt worden. Alte und neue Schamanen aus Ost und West haben auch breiteren Kreisen ein Bewußtsein dafür vermittelt, daß Bäume keine tote Materie, sondern

lebende Wesen sind, die eine bestimmte „Energie“ abstrahlen. Es gilt daher nicht mehr als Marotte von zivilisationsmüden Esoterikern, denen nichts Besseres einfällt, als „Eiche lehnen“ zu gehen, sondern hinter dem Einschwingen auf das Energiefeld von Bäumen steht eine ernsthafte Beschäftigung mit den heilenden Kräften der Natur.
Es wäre daher zu wünschen, wenn die Menschheit wieder zur Weisheit des Konfuzius zurückfände, der einst lehrte: „Wer Bäume pflanzt, wird den Himmel gewinnen.“

Annette Wagner, Peter Michel

KAPITEL 1

Die Verbundenheit von Baum und Mensch

Die Bäume in der Mythologie

Die Weltenesche Yggdrasil

In der germanischen Mythologie kommt der Esche in Form der „Weltenesche Yggdrasil" eine überragende Bedeutung zu. Nach der Überzeugung der alten Germanen entstammt der erste Mensch, der erste Mann, einer Esche, die in der alten Überlieferung „Askr" hieß. Die Weltenesche wächst immergrün am „Urdbrunnen", dem Ort des ewigen Lebensquells. Unter ihrem Blätterdach sprachen die Götter Recht, und in ihrem Schatten saßen die drei Nornen und webten die Fäden, an denen das menschliche Schicksal hing.
Wenn die Weltenesche, dem Elend der Erde überdrüssig, zu faulen beginnt, ist das Ende der Welt nahe herbeigekommen. Man sieht also, daß bereits die alten Germanen, im übertragenen Sinne, durchaus ökologisch dachten.

Das Dilmun-Epos

Auch die alten Sumerer besaßen in ihrem „Dilmun-Epos" einen klassischen Weltschöpfungsmythos, in dem der Baum eine wichtige Rolle spielt. Nachdem die Ur-Götter sich allmählich vermehrt haben und der dritte aus der trinitarischen Anfangsgottheit sich mit der „Landesmutter" und ihren Töchtern vermählt hat, erzeugen sie im Zentrum der Welten, im „Paradies Dilmun", den Weltenbaum. Er erhebt sich als Bindeglied zwischen der Erde und dem Himmel und verbindet mit seinen Wurzeln und mit seiner Krone die irdischen und die himmlischen Welten.

Die Eiche als Götterbaum

Immer wieder tauchen die „Weltenbäume" in der alten Mythologie auf, wobei, wenn dieser mythische Baum spezifiziert wird, häufig die Eiche die ehrenvolle Aufgabe erhält, die Rolle des konkreten Weltenbaumes zu übernehmen. Wahrscheinlich liegt hier der Ursprung für die Ehrenbezeichnung des „Königs des Bäume", die der Eiche gerne verliehen wird.
Im antiken Griechenland galt die Eiche als Wohnstatt für den Göttervater Zeus, der aus ihr heraus die Welt regierte. Später übernahm dann das Römische Weltreich diese Auffassung und ließ den göttlichen Jupiter in einer Eiche residieren. Auch der germanische Thor wollte natürlich standesgemäß residieren und wählte daher die Eiche als seinen Wirkungsort. Später finden wir ähnliche Respektbezeugungen für den Eichenbaum bei den keltischen Druiden und bei den slawischen Völkern.

Die Linde als Göttinnenbaum

Die Rolle, welche die Eiche bei den Göttern spielte, übernimmt bei den Göttinnen, die hier natürlich im Baumbereich auch auf keinen Fall zurückstehen wollen, die Linde. Sie galt in den alten Mythen als Symbol der Weisheit und Fruchtbarkeit. Auch sah man in ihr ein Sinnbild für das Milde, eben das „Linde" oder das „Gelinde". Was sich noch heute im Sprachgebrauch ausdrückt, wenn man an die Redewendung „gelinde gesagt" denkt.
Bei den alten Griechen war die Linde der Göttin Artemis geweiht, bei den Germanen war sie dementsprechend Freyja zugeordnet. Um ihre Götter zu ehren, schritten die Germanen durch Lindenalleen in ihre heiligen Haine. Später griff auch das junge Christentum auf die „heidnischen" Traditionen zurück und ordnete die Linde als Baum der Marienverehrung zu.

Die heiligen Bäume der Weltreligionen

Der Bodhi-Baum

Auch in den großen Weltreligionen spielen Bäume eine entscheidende Rolle. So gelangte Buddha Gautama unter einem Bodhi-Baum zur

Erleuchtung, und noch heute steht, so lehrt zumindest die Überlieferung, ein Nachkomme des ursprünglichen Baumes am selben Ort im indischen Bodhgaya, wo Buddha zur Erleuchtung gelangte. Seine außergewöhnliche Gestalt zieht noch immer zahllose Pilgerscharen aus aller Welt an, einschließlich des Dalai Lama, die unter ihm zur Meditation zusammenkommen und in der Stille Einsicht und Erkenntnis suchen.

Vishnus Feigenbaum

Die indische Mythologie kennt ebenfalls eine Trinität, die aus Brahma (dem Erschaffer), Vishnu (dem Erhalter) und Shiva (dem Zerstörer) besteht. Nach der Legende wurde Vishnu nun unter einem Feigenbaum geboren, womit dieser zweifellos wertvolle Baum in der hinduistischen Überzeugung noch einmal einen höheren Stellenwert erhielt.

Heilige Bäume in den Schriftreligionen

Die drei sogenannten großen „Schriftreligionen“, die sich auf die Thora, die Bibel und den Koran stützen, finden in ihren heiligen Büchern vielfach Verweise auf Bäume und ihre besondere Stellung in der Schöpfung. Im Alten Testament aßen Adam und Eva die Frucht vom „Baum der

Erkenntnis", die traurigen Ergebnisse sind bestens bekannt. Jesus von Nazareth wurde mit Palmen bei seinem Einzug in Jerusalem empfangen, ehe er später an einen Baum (Kreuz) geschlagen werden sollte. Der Legende nach war auch die Stechpalme ursprünglich eine der Palmen, die vor Jesus auf den Weg gestreut wurden, und erst als man „Kreuzigt ihn!" rief, bekamen sie Dornen und wurden zur Dornenkrone. Die roten Beeren, die die zweimal blühende Stechpalme bekommt, gelten der Überlieferung nach dann als Symbol der Blutstropfen Jesu.
Für die schiitischen Moslems ist jener mythische Baum, der über den siebten Himmel hinausragt, das Symbol für den „Haqiqat", jenen glückseligen Zustand, dessen der Mystiker zuteil wird, wenn er sich mit der höchsten Wirklichkeit vereint.

Die Bäume in Brauchtum und Volksglauben

ALTE ÜBERLIEFERUNG

Es läßt sich eigentlich keine frühe Kulturepoche ausmachen, in der die Menschen nicht eine enge, besondere Beziehung zu Bäumen besaßen. Lange bevor so erklärbare „Wunder" wie die Photosyn-

these Einzug ins menschliche Denken hielt, übten die großen und kleinen Baumwesen eine magische Anziehungskraft auf alle Zeiten und Kulturen aus.
In Ägypten und Indien wurden Bäume verehrt, die keltischen Druiden hielten ihre sagenumwobenen Treffen in Hainen ab und benannten die Monate nach Bäumen; und die Mistel stand in Ansehen, lange bevor der Druide Miraculix seinen berühmten Zaubertrank für Asterix und Obelix daraus kochte.
Immerhin gelangten so Millionen von Lesern, vielleicht eher unbewußt, zu der Erkenntnis, daß die alten Kelten ein weises Volk gewesen sein mußten!
Schon immer schlugen die Bäume den Menschen in ihren Bann, was sich über die Jahrhunderte hinweg durch Geschichten, Legenden und Brauchtum in mannigfacher Weise ausdrückte. Man denke etwa an den Christ-Baum, der zur Advents- und Weihnachtszeit unzählige Plätze, Häuser und Wohnungen schmückt; an den Mai-Baum, den Hochzeits-Baum oder die Dorf-Linde, die in der Mitte des Ortes vielfach Treffpunkt und Gerichtsstätte zugleich war.
Die alte Tradition, nach der Geburt eines Kindes einen Baum zu pflanzen und möglichst die Plazenta mit in das Pflanzloch zu geben, ist ein uraltes Ritual, das erstaunlicherweise in der Gegenwart wieder zu neuer Beliebtheit erwacht ist; und nicht selten zeigt sich eine Verbindung zwischen einem heranwachsenden jungen Menschen und

seinem Geburtsbaum. Bevor dieses Ritual zur Anwendung gelangen kann, sollte man einer alten norddeutschen Tradition, die aus dem Raum Hildesheim stammt, Rechnung tragen, wo zur Fastnacht die Frauen mit Fichtenzweigen geschlagen werden (Einzelheiten werden verschwiegen!), damit sie mit Fruchtbarkeit gesegnet sind.
In manchen Teilen der Erde werden bei einer Hochzeit auch zwei Bäume gepflanzt, die den männlichen und den weiblichen Teil versinnbildlichen.
Dann wird um diese beiden Bäume herum ein Zaun aufgestellt, der, sinnbildlich betrachtet, das Paar schützen und mit Fruchtbarkeit beschenken soll.

Bäume und Flaggen

Auch in den Staatsflaggen einiger Länder spielt der Baum eine herausragende Rolle, was allein schon ein bemerkenswertes Geschehen ist. So trägt die Flagge Kanadas das berühmte Ahornblatt oder die eigenständige Provinz Transvaal in Südafrika den Affenbrotbaum.
Besonders bekannt geworden sind die „Zedern des Libanon", die nicht nur die Dichter in ihren glühenden Versen besangen, sondern auch die Staatsgründer des Libanon für so bedeutsam erachteten, daß sie sie in die Staatsflagge aufnahmen.

Bäume im Sprachgebrauch

Auch in der Sprache finden sich zahlreiche Hinweise über die enge Verwobenheit zwischen Baum und Mensch. Es wäre eine eigene Studie wert, diesen Verknüpfungen nachzuspüren. Hier seien nur einige der bekanntesten Wortverbindungen genannt. So heißt es beispielsweise über alte Menschen: „Einen alten Baum verpflanzt man nicht mehr." Vom ängstlichen Menschen sagt man: „Er zittert wie Espenlaub." Die langsamen Wege des Lebens werden deutlich an dem Sprichwort: „Wer einen Baum pflanzt, genießt selten die Frucht."
Auch im übertragenen Sinne steckt viel Weisheit in Ausdrücken wie „einen Stamm-Halter bekommen zu haben" oder im Hinweis, ein Mensch sei „ent-wurzelt". Wer es lernt, auf die tieferen Einsichten solcher Aussagen, Wortbilder oder Redensarten zu achten, wird zu lohnenswerten Erkenntnissen gelangen.

Baumgeschichten

Die Wiedervereinigungslinde

Man muß nicht immer in die ferne Vergangenheit schweifen, um zu besonderen „Baumgeschichten" zu gelangen. So wurde anläßlich der deutschen Wiedervereinigung im thüringischen Niederdorla, das man nach Vermessungen als neuen physikalischen Mittelpunkt des wiedervereinten Deutschlands bestimmte, eine Linde gepflanzt. Es mag nur ein Zufall sein, daß wenige Meter von der neuen Linde eine alte germanische Kultstätte lag. In diesem Fall wäre es ein sehr sinnreicher Zufall!

Merlins Erleuchtungsbaum

Um die Gestalt Merlins, des Beraters des sagenhaften Königs Artus, ranken sich vielleicht mehr Legenden als um jede andere Gestalt des frühen Mittelalters. Es gibt unterschiedliche historische Untersuchungen darüber, ob und wann die Vorbilder der beiden legendären Helden zu historischen Personen zuzuordnen sind. Die frühesten datieren aus dem 6. Jahrhundert. Vielleicht aber ist die historische Frage in diesem speziellen Fall nicht einmal von entscheidender Bedeutung. Die archetypische Gestalt des Weisen, der seinen weltlichen Herrscher berät, ist von zeitloser Gültigkeit. Und so paßt es wunderbar in die alten Baum-Geschichten, daß auch Merlin sich für seine Meditationen auf einen Baum zurückzog. Ob es sich dabei wirklich um eine mächtige alte Eiche oder, wie andere Quellen vermuten, um eine bretonische Kiefer gehandelt hat, dürfen wir an dieser Stelle ebenfalls unberücksichtigt lassen. Auf alle Fälle war es ein ehrwürdiger alter Baum, auf den sich Merlin zurückzog, um zu seinen Einsichten zu gelangen.

Die Eremiten-Eiche

Der Ort Allouville-Bellefosse wäre ein so unbedeutender Flecken, daß wohl niemand jemals von ihm gehört hätte, gäbe es nicht in seiner Mitte eine uralte heilige Eiche.
Wahrscheinlich ist der wundervolle Baum schon über tausend Jahre alt. Einst dürften wohl keltische oder germanische Priester hier ihre Rituale vollzogen haben, und erst ab dem siebzehnten Jahrhundert bekam die alte Eiche ihren kleinen Marienaltar und ihr Eremitenstübchen, woraus heute der Name des Baumes herrührt.
Es ist ohne Zweifel bemerkenswert, daß dieser Baum der am meisten besuchte in ganz Frankreich ist.
Die Menschen müssen noch immer etwas von seiner gewaltigen Kraft spüren, die ihn einst – und vielleicht noch heute – umgeben hat und noch immer umgibt.

Der Baum im Atomzeitalter

Noch immer wird der Mensch vom Zauber der alten Bäume begleitet. Wer durch einen tiefen und dichten Wald geht, empfindet auch heute noch vielfach ein Gefühl von Geborgenheit oder

eine Empfindung von Schutz und Inspiration. Wer kennt nicht einen Baum in seiner näheren oder weiteren Umgebung, den er als besonders schön, anziehend oder beruhigend empfindet oder unter dem er einmal eine besondere Stunde seines Lebens verbracht hat.
Wer hat nicht schon einmal an einem heißen Sommertag den erquickenden Schatten eines Baumes gesucht und sich wohlig darunter ausgestreckt.
Könnten Bäume Geschichten erzählen, so wären es Geschichten von den Alltagssorgen der Menschen, von den kleinen und großen Geschehnissen der Gegenwart und der Vergangenheit.
Und doch ist es gerade der Mensch, der die Bäume, seine wichtigsten Gefährten, in ihrem Bestand bedroht. Man denke nur an das Waldsterben oder den sauren Regen.
Hier ist der Mensch aufgefordert, endlich einen Umdenkungsprozeß einzuleiten, um seine grünen Freunde zu retten.
Auf einem stillen Spaziergang durch einen leuchtenden Herbstwald mag jeder erahnen, wie sehr Baum und Mensch einander benötigen. Vielleicht sollte er in solchen Augenblicken der Weisheit der Indianer Beachtung schenken, die erkannt haben: „Wir erben die Welt nicht von unseren Eltern, sondern wir borgen sie nur von unseren Kindern.“

KAPITEL 2

Die Bäume und ihre heilenden Energien

Allgemeine Einführung

Kaum ein anderes europäisches Kulturvolk besaß eine engere Bindung an und ein größeres Wissen über Bäume als die Kelten. Ihre eingeweihten Priester, die Druiden, wußten um ihre vielfältigen und außergewöhnlichen Heilkräfte und um ihre magischen Wirkungen auf Mensch und Tier.

Die Kelten zeichneten sich insgesamt durch eine ausgeprägte Naturverbundenheit aus, die sich unverkennbar auch in ihrer Religiosität, ihren Ritualen, ihren Sitten und Gebräuchen niederschlug.

Eine ihrer Eigenarten bestand darin, Menschen nach Bäumen zu benennen. So stammten klassische keltische Namen wie Derva (Eiche), Betuus (Birke) oder Abalus (Apfelbaum) alle von ihren Vorbildern im Pflanzenreich. Die Wahl des jeweiligen Namens bestimmte sich dabei nach der betreffenden Qualität des Baumvorbildes, dessen Eigenschaften genau bestimmt und charakterisiert waren. Es wäre für die Kelten undenkbar gewesen, einem „Birken-Typ“ den Namen nach einer Eiche zu geben.

Für die Kelten bestand von jeher eine untrennbare Einheit zwischen Bäumen und Menschen. Die Bäume waren die stillen, leisen Begleiter, die ihre Kräfte verschenkten und neue Lebensenergie auf jene übertrugen, die kamen, um von ihrer Kraftquelle zu schöpfen. Die Kelten waren es auch, die die Frage beantworteten, auf welche Weise der

Mensch mit einem Baum in Kontakt zu treten vermag und auf welche Weise er von seiner Kraft etwas aufzunehmen imstande ist. Dabei sind es nicht nur die Früchte, Blätter, Rinden oder Säfte, die ein Geschenk der Bäume an den Menschen darstellen.

Auch der Baum als Wesen, als ein Kunstwerk der Natur, wirkt auf den Menschen ein. Für die Annäherung an einen Baum bedarf es dabei jedoch großer menschlicher Offenheit. Zuerst einmal muß die Auswahl des Baumes erfolgen, der dem Menschen sympathisch erscheint; dann sollte er sich seinem „Bruder aus der Natur" mit Offenheit nähern, um sich auf ihn einzuschwingen und seine Energien allmählich aufzunehmen. Nur durch diesen Prozeß der Annäherung und Einstimmung (hier steckt das Wort eins, Einheit!) wird der Mensch wirklich etwas vom inneren Wesen seines Baumes erfahren. Er wird ihm seine Geschichte erzählen, wenn er seine Seele für die Sprache des Baumes öffnet. Auf diesem Weg können Menschen und Bäume einen Dialog des Herzens führen – vom Herzen des Menschen zum Herzen der Natur!

Die Wahl des Baumes

So wie jeder Mensch seine persönlichen, individuellen Eigenheiten und Neigungen besitzt, die ihn auszeichnen und die ihn zu einer unverwechselbaren Wesenheit formen, gilt es auch für die

Bäume zu erkennen, daß eine Eiche nicht gleich einer anderen Eiche ist. Schon allein eine Betrachtung dieser kräftigen, machtvollen Geschöpfe in einem der vielen Baumbücher zeigt, welche Unterschiede in Form, Gestalt und Ausstrahlung zwischen den jeweiligen Baumwesen besteht.
Eine Einstimmung in das Wesen der Eiche wird zwar eine gewisse Grundenergie zum Vorschein bringen, die allen Eichen zu eigen ist, sie wird aber zugleich die Einsicht zutage fördern, daß verschiedene Eichen verschiedene Kraft- und Energiefelder umhüllen. Kein Baum gleicht vollkommen dem anderen, nicht einmal in künstlichen Monokulturen.
Die Wahl eines Baumes, des „persönlichen" Baumes, ist im Grunde sehr einfach; doch daher fällt sie in der heutigen Zeit vielen Menschen möglicherweise doch recht schwer. Die richtige Wahl erfordert in Wahrheit lediglich ein Abschalten der Außenwelt, ein stilles Gebet, eine kurze Meditation und das Vertrauen, die richtige Wahl treffen zu können. Doch mit diesen Handlungen scheint es nicht so einfach bestellt zu sein. Vielen Menschen ist heute weitgehend die Fähigkeit abhanden gekommen, einfach nur still zu werden und nach innen zu gehen. Auch deshalb ist es so notwendig, die Stille der Bäume zu suchen.
Es lassen sich grundsätzlich zwei Arten der Annäherung an einen Baum unterscheiden. Die erste Möglichkeit, einen Baum zu wählen oder sich auch von einem Baum erwählen zu lassen, kann die „intuitive" genannt werden. Dieses

Geschehen kann auf ganz unterschiedliche Art und Weise erfolgen. Der Mensch mag sich von der Form, der Gestalt des Baumes angesprochen fühlen. Vielleicht aber ist es das Licht, das durch einen bestimmten Baum in ganz besonders magischer Weise hindurchstrahlt. Möglicherweise sind es aber die Blätter, die starken Wurzeln, der kräftige Stamm oder einfach der Standort des Baumes, die einen Baumsucher ansprechen. Was immer es sein mag, die intuitive Wahl wird immer eine gute und richtige Wahl sein. Wer intuitiv zu einem Baum oder einem Baum-Kraftplatz hingezogen wird, kann sich von seiner inneren Wahl tragen lassen und sich ohne zu zweifeln und ohne zu zögern von der magischen Anziehungskraft seines Baumes gefangennehmen lassen.

Zum anderen kann man einen Baum aufgrund seines persönliches Wissens auswählen, indem man von den gesammelten Erfahrungen der Jahrtausende und dem Geistesschatz der Baumweisen aus Vergangenheit und Gegenwart profitiert. Die Wahl erfolgt dann gemäß der nachstehend charakterisierten Eigenschaften und Energiefelder eines Baumes. Trotz allem und trotz des letztlich nur erlernten Wissens sollte die endgültige Wahl eines Baumes aus dem Bauch (oder aus dem Herzen) erfolgen und nicht aus dem Kopf. Jeder Baum ist einzigartig, und die nachfolgenden Beschreibungen dienen nur als Hilfsmittel, um sich an das geheimnisvolle Wesen BAUM heranzutasten.

Die Energien der Bäume

Der Ahorn

Der Ahorn tritt in einer Fülle von Varianten auf. Zwei der bekanntesten unter ihnen sind der Spitzahorn und der Bergahorn. Während der Spitzahorn nur eine Höhe von maximal dreißig Metern erreicht und kaum älter als zweihundert Jahre wird, kann sich der Bergahorn bis zu einer Höhe von vierzig Metern emporranken und ein beachtliches Alter von bis zu fünfhundert Jahren erreichen. Was wieder einmal beweist, wie gesund die Bergluft doch ist!

In den Geschichtsbüchern begegnet dem Leser der Ahornbaum zu den unterschiedlichsten Zeiten und Epochen. So soll das Trojanische Pferd angeblich aus bestem Eichenholz gefertigt gewesen sein. Für die Kelten stand der Ahorn als Symbol für Kampf und Selbstwertgefühl, während er bei den Germanen das Recht verkörperte. Unter den Zweigen und Ästen des Ahornbaumes wurde in den germanischen Städten und Dörfern Recht gesprochen.

Der Ahorn galt auch als die Verkörperung von Freiheit und Frieden, was in der Eidgenossenschaft beispielsweise dazu führte, daß unter einem solchen „Freiheitsbaum" der sogenannte „Schwur des Grauen Bundes" abgelegt wurde, aus dem dann im weiteren Verlauf der schweize-

rischen Geschichte das heutige „Graubünden" hervorging.
Dem Ahorn wurde vielerorts auch eine ausgeprägte Schutzfunktion zugesprochen. Im Außenbezirk von Gehöften wurde er als Schutzbaum gepflanzt und die Zapfen von Ahornbäumen wurden an die Türpfosten und Schwellen geschlagen, um so die Hexen von einem Besuch abzuhalten. Sie konnten den magischen Schutzzauber des Ahorn nicht überwinden.
Das Grundcharakteristikum für den Ahorn lautet Ausgeglichenheit. Der Ahorn hilft verschreckten, aus ihrer Mitte gefallenen Menschen. Sie finden unter seinen Ästen wieder zu Ruhe und Ausgeglichenheit, die manchmal durch dramatische Ereignisse zerstört wurden. Wer die Zeit findet, täglich einige Minuten unter einem Ahorn zu verweilen, wird leichter wieder sein inneres Gleichgewicht und ein ruhiges Gemüt zurückerlangen.

In der Pflanzenheilkunde haben sich die Ahornblätter, wenn sie schnell aufgelegt werden, als überaus wirksam bei Insektenstichen erwiesen. Sie helfen insgesamt gegen alle Arten von Schwellungen, die durch äußere Einwirkungen entstanden sind.
Das Verglühen von Ahornholz in einem kleinen Räuchergefäß verbreitet eine außerordentliche Ruhe im Raum.
Teeaufgüsse der Blätter dienen als Waschungen bei stark gespannter oder überreizter Haut. Der

Ahornsirup wird in der Diätkost gerne als schmackhaftes und gesundes Süßungsmittel verwandt.
In der Hildegard-Medizin findet sich ein spezielles Mittel gegen die Entzündung der Nasenschleimhäute. Dazu soll die Erde rings um einen Ahornbaum genommen und erhitzt werden. Anschließend soll ein Umschlag oder leichter Verband daraus für eine Stunde aufgelegt werden.

Der Apfelbaum

Der Apfelbaum ist im europäischen Raum fast nur noch als kultivierter Baum vorzufinden. In seiner wilden Form tritt er noch als Holzapfel auf.
Über den Apfelbaum werden zahllose Geschichten erzählt, und viele Legenden ranken sich um mythische Apfelbäume in ferner Vergangenheit – man denke nur an den Apfelbaum des Paradieses und die weitreichenden Folgen beim Genuß nur einer seiner Früchte.
Für die Kelten stand der Apfelbaum als Inbegriff der Fruchtbarkeit. Diese alte Deutung scheint sich über die Jahrtausende bewahrt zu haben, denn auch in der heutigen Zeit werden noch immer Apfelbäume bei der Geburt eines Kindes gepflanzt, bevorzugt bei der Geburt eines Jungen.
Neben der Fruchtbarkeitssymbolik galt den Kel-

ten der Apfelbaum auch als Baum des Strebens nach Einsicht und Erleuchtung. Er war dergestalt ein initiatischer Baum. Diese Rolle wird ihm auch in vielen Märchen zugeteilt, wo seine Früchte immer wieder als Zaubermittel gelten, welche die Wahrnehmung der Wirklichkeit zu verändern vermögen.
Im seelischen Bereich gilt der Apfelbaum als ideales Mittel gegen gedrückte Stimmungen und Tiefs. Seine Energie wirkt besonders auf Menschen, die unter Schwermut und einer Anhäufung bitterer Enttäuschungen zu leiden haben. Wer sich auf den Zauber einer Reihe blühender Apfelbäume einstimmt, kann ohne Schwierigkeiten verstehen, warum gerade viele alte Menschen mit Vorliebe an den Bodensee reisen, um die Apfelblüte zu besichtigen. Der Apfelbaum läßt den Menschen an einer schwerelosen Energie teilhaben, die innere Verhärtungen mildert und im günstigsten Fall sogar aufzulösen vermag.

In der Pflanzenheilkunde wird der rohe, geriebene Apfel zur Bekämpfung von Durchfall- und Magenerkrankungen empfohlen. Gegen fiebrige Erkrankungen wird die Einnahme von Apfelschalen-Tee ebenso wie die von Apfelblüten-Tee sehr empfohlen. Unerwähnt darf auch nicht bleiben, daß Äpfel einen enormen Vitaminreichtum aufweisen, weshalb der Spruch „Ein Apfel pro Tag gegessen, läßt den Weg zum Doktor vergessen" eine handfeste Grundlage besitzt.
Hildegard von Bingen, die über ein überragendes

Wissen um die Heilkräfte der Natur verfügte, beschrieb in ihren heilkundlichen Werken die Erde um die Wurzeln des Apfelbaums zur Blütezeit als Mittel gegen „Schmerzen im Bauch" und bei Problemen im Bereich der Lenden und der Schultern. Dabei empfahl sie, die Erde zuerst zu erwärmen und dann als Umschlag aufzulegen.

Die Birke

Die Birke kann eine Höhe bis zu dreißig Metern erreichen. Ihre Rinde ist weiß und wird im Alter von schwarzen Rissen durchfurcht. Auch der Birke räumten die Kelten in ihrem Lebenskreis einen besonderen Ehrenplatz ein. Sie legten großen Wert darauf, ihre rituellen Plätze vor dem Gebrauch sorgfältig zu reinigen, wobei sie mit „reinigen" eine äußere und innere Reinigung meinten. Diese alte Tradition dürfte der Ursprung für den Volksglauben sein, mit Hilfe eines Besens, der aus den Zweigen der Birke gefertigt wurde, böse Geister in Stadt und Land, in Haus und Hof vertreiben zu können.
Die Birke gilt allgemein als Sinnbild und Verkörperung der Leichtigkeit und Beschwingtheit. Dies läßt sich auch bei einer oberflächlichen Betrachtung schon gut nachvollziehen. Unmittelbar fällt das lichte, helle, freundliche Wesen der Birke ins Auge. Ihre fröhliche Luftigkeit und ihre Nähe zum Wasser lassen schon Rückschlüsse auf ihre Natur zu.

Im seelischen Bereich wird der Birke eine befreiende Wirkung auf den Menschen zugesprochen. Sie ist der ideale Baum, um innere Spannungen und Blockaden zu lösen. Wer sich auf eine Birke innerlich einstimmt und auf sie einläßt, vielleicht sogar eine Zeit an ihrem Stamm lehnt, wird verspüren, daß er wieder befreit aufatmet und neue, klare Gedanken und Inspirationen empfängt. Starke negative Empfindungen oder Emotionen werden durch die heilenden Kräfte der Birke gedämpft und abgemildert. Im Idealfall können sie sogar vollständig aufgelöst werden. Aufgrund dieser ausgesprochen starken Heilwirkung im seelischen Bereich gilt die Birke als idealer Baumheiler bei Menschen, die sehr unter Depressionen zu leiden haben. Sie sollten möglichst häufig versuchen, in ihrer Nähe eine Birke aufzusuchen und „Freundschaft" mit ihr zu schließen.
Im weiteren Sinne wird die Birke auch mit Fruchtbarkeit in Verbindung gebracht, ohne jedoch hier die gleiche Bedeutung wie der Apfelbaum zu besitzen.
Hildegard von Bingen beschreibt die Birke in einem einfach Satz schlicht und ergreifend als „das Glück"!

In der Pflanzenheilkunde gilt die Birke als guter Heiler bei allen Problemen im Bereich der Blase und der Nieren, also grundsätzlich im Bereich der Ausscheidungsorgane. Es wird dabei empfohlen, die frischen Blätter der Birke mit heißem

Wasser aufzugießen und den Sud schluckweise zu trinken. Bei hohem Fieber gilt ein Aufguß aus der Rinde der Birke als wirksames Mittel zur Senkung der Temperatur.
Als wunderbares Hausmittel hat sich die Birke bei Ausschlägen und den in letzter Zeit verstärkt und äußerst schmerzhaft auftretenden Ekzemen bewährt. Selbst bei chronischen Hauterkrankungen wird dem Birken-Teer, der aus der Rinde und Holzkohle hergestellt wird, eine wunderbar lindernde Wirkung zugesprochen. Im einzelnen sollte in den Apotheken der Rat eingeholt werden, welche Birkenpräparate möglicherweise für die Anwendung bei Hauterkrankungen neu auf den Markt gekommen sind.

Die Buche

Die Buche zählt in Europa zu dem am weitesten verbreiteten Bäumen. Ein entscheidender Grund für die Häufigkeit ihres Auftretens ist darin zu suchen, daß im Tierreich die Buchecker zu den beliebten Delikatessen zählt. Der Buchenbaum kann eine Höhe von bis zu fünfundvierzig Metern erreichen. Sie gehört zu den schnell wachsenden Bäumen und weist zudem eine überaus robuste Gesundheit auf.
Die Buche gehört seit dem Altertum zu den Bäumen mit einem hohen Ansehen. Bei den Kelten wurde das Buchenholz dazu verwandt, um Runen in Zweige und Äste zu schnitzen. Die so

hergestellten Stücke wurden dann als Orakel geworfen, das die Druiden intuitiv zu deuten wußten. Schon allein aus dieser sakralen Verwendung erklärt sich die Beliebtheit des Buchenbaumes.
Die alten Priester beobachteten die äußere Form eines Baumes stets sehr genau. Dies führte bei der Buche dazu, sie als einen Boten zu betrachten, der die Energien von Selbstsicherheit und Mut zu den Menschen brachte. Um dieser Fähigkeit auf die Spur zu kommen, war und ist es erforderlich, eine geraume Zeit unter den Zweigen einer Buche zu verbringen.
Wer dies getan hat, wird selbst bestätigen, welche Kräfte dieser wunderbare Laubbaum zu verschenken hat. Wer unter Selbstzweifeln, Mutlosigkeit, Unsicherheit oder geistiger Verwirrung und Orientierungslosigkeit leidet, sollte das Kraftfeld der Buche suchen und sie um ihre mächtige Energie bitten.
Der erste Impuls, der dann in der Regel aufgenommen wird, ist eine Übertragung von Strenge und Disziplin und eine Konzentrierung und Ausrichtung auf die eigene Mitte hin. Vor allem dieser Prozeß ist es, der den Menschen zuversichtlich und gekräftigt seinen Heimweg von der Buche antreten lassen wird. Sie war und bleibt der große Mutmacher!

In der Pflanzenheilkunde kommt der Buche in jüngster Zeit keine sonderlich große Rolle mehr zu. Sie ist als „Heilungsbaum“ eher in den

Hintergrund getreten. Aber noch immer gibt es einige traditionelle Rezepte, die gerade von älteren Menschen auch heute noch hoch geschätzt werden.

So dürfte es der älteren Generation noch vertraut sein, aus Bucheckern Brot gebacken zu haben oder aus dem Buchenlaub keine Säcke gefüllt zu haben, die unter dem Kopfkissen einen guten Duft verbreiteten und beruhigend wirkten.

Ein Tee aus Buchenblättern ist ein bewährtes Hausmittel bei Gerstenkörnern, indem es als Kompresse auf das betroffene Auge aufgelegt wird.

Auch bei großporiger und stark zu wiederkehrenden Entzündungen neigender Haut ist der Tee zu empfehlen. Er sollte in diesem Fall nach Abkühlung durch ausgiebige Waschungen aufgetragen werden.

Hildegard von Bingen empfahl in ihren Schriften frische, noch junge Buchenäste als Hausmittel gegen die Gelbsucht.

Als geradezu Leben rettender Baum hat sich die Buche bei schweren Gewittern erwiesen.

Der alte Spruch: „Eichen sollst du weichen, Buchen sollst du suchen!" beruht im Fall von Unwetter tatsächlich auf einer richtigen Erfahrung. Untersuchungen haben gezeigt, daß Buchen vierundfünfzigmal weniger vom Blitz getroffen werden als Eichen.

Man vermutet einen Zusammenhang mit den Wurzeln des Baumes, doch ist dies noch nicht zweifelsfrei belegt.

Der Buchsbaum

Der Buchsbaum zählt zu den immergrünen Gewächsen. Er kann eine Höhe von bis zu acht Metern erreichen und mehrere hundert Jahre alt werden. Der Buchsbaum wächst allerdings ausgesprochen langsam. Ein beliebter Platz für ihn sind die Friedhöfe.
In der Antike galt er als Heimstatt für alle Wesen der Unterwelten. In späteren Jahrhunderten wurden ihm magische Fähigkeiten zugesprochen. Er soll über die Fähigkeit verfügt haben, mit seiner Hilfe Teufel und Dämonen auszutreiben.
Der Buchsbaum führt zurück in die eigene Mitte. Er strahlt sehr stark zentrierende Energien aus. Er gilt als idealer Helfer für Menschen, die ständig zerfahren und fahrig sind, die von Desorientierung und einem inneren Durcheinander oder Verwirrtheit geplagt sind. Ihnen allen läßt der Buchsbaum dadurch Hilfe zuteil werden, indem er ihnen innere Ruhe, Ausgeglichenheit und Sicherheit schenkt. Er läßt seine Hilfe auch jenen Menschen zukommen, die mit alten Ereignissen nicht fertig werden, ständig nach hinten, in die Vergangenheit, schauen und dadurch das wirkliche Leben vergessen. Mit der Hilfe des Buchsbaumes lernen sie, sich wieder dem Leben in seiner ganzen Fülle zuzuwenden und optimistisch nach vorne zu schauen.
Baumheilkundler empfehlen bei allen geschilderten Fällen, ein Stück Buchsbaumholz unmittelbar am Körper zu tragen. Es wirkt anregend und

befreit vor allem das Denken von allem ungeordneten Ballast und von unliebsamen Bildern und Erinnerungen. Er schenkt durch diese klärende Einwirkung einen neuen, ehrlichen Zugang zur eigenen Sicht der Dinge und bewirkt dadurch eine Verdeutlichung aller Probleme, was den ersten Schritt zu ihrer Läuterung darstellt. Ganz allgemein gesprochen, läßt sich sagen, daß der Buchsbaum das menschliche Gemüt beruhigt.

In der Pflanzenheilkunde gilt das aus dem Buchsbaum gewonnene Öl als ausgezeichnetes Heilmittel, um Entzündungen zu hemmen und schneller abklingen zu lassen. Auch bei Problemen mit den Augen hat sich der Buchsbaum als Heiler bewährt, indem man die Augenleiden mit Kompressen aus Buchsbaumsaft bekämpft.
In der Hildegard-Medizin wird empfohlen, Wein aus Buchsbaumbechern zu trinken. Dieses Vorgehen soll hilfreich sein, um das lästige Problem des Heuschnupfens zu lindern.

Die Eberesche

Die Eberesche ist auch unter dem Namen Vogelbeerbaum allseits bekannt. Sie erreicht selten eine Höhe jenseits der zwanzig Meter, und auch die Altersgrenze liegt mit hundert Jahren im unteren Bereich. Sie ist ein äußerst genügsamer Baum, der bis nahe an die Baumgrenze sein karges Dasein fristet.

Auch die Eberesche war ein Baum, der im Lebenskreis der Kelten eine Rolle gespielt hat. Für sie stellten die Beeren den Übergang vom Sommer zum Winter dar, während die weißen Blüten wiederum den Übergang vom Winter zum Sommer ankündigten. So wurde der Vogelbeerbaum zum „Botschafter der Jahreszeiten". Seine Botschaft lag daher auch darin, die scheinbar gegensätzlichen Aspekte des Lebens zu vereinen. Auch galt er den nordischen Völkern als „Warner" für bevorstehende Veränderungen. Wer die „Botschaft" der Eberesche zu verstehen vermochte, war gefeit vor unliebsamen Überraschungen.
Der Samen der Eberesche ist für Vögel unverdaulich und wird daher wieder ausgeschieden. Auf diese Weise verbreitete sich der Baum in ganz Europa. Für die auf Zeichen und Symbole bedachten Kelten war dies wiederum ein Zeichen für die „Weisheit des Vogelbeerbaumes", dessen Botschaft über die ganze ihnen bekannte Welt verbreitet werden sollte.
Die Eberesche ist fest in der Welt verankert. Ihre irdische Prägung hilft daher Menschen, die eher zu Schüchternheit neigen, sehr scheu und manchmal auch ein wenig versponnen sind, und holt sie wieder in die reale Welt, auf den Boden der Tatsachen, zurück. Damit vermag sie auch Menschen, die zu stark in der Vergangenheit verhaftet sind, den Weg zurück in die Gegenwart zu eröffnen. Die Eberesche gilt auch als „Reinigungsbaum", der Menschen von inneren, auch

seelischen Vergiftungen zu reinigen vermag. Den Unzufriedenen hilft sie, wieder ins Gleichgewicht zu gelangen und das Leben nicht länger durch einen Grauschleier zu sehen.

In der Pflanzenheilkunde gilt der Ebereschen-Tee als gutes Heilmittel bei starker und langwieriger Bronchitis. Das Kauen der getrockneten Beeren lindert Harnbeschwerden und wirkt verstopfend bei starkem Durchfall. Auch bei der unterstützenden Behandlung von Migräne-Anfällen hat die Vogelbeere ihre heilenden Kräfte unter Beweis gestellt.
Beliebt zu jeder Jahreszeit ist bei vielen Menschen der aus den Beeren der Eberesche hergestellte Magenbitter.

Die Eiche

Die Eiche kann auf eine Höhe von bis zu vierzig Metern emporwachsen. Die ältesten und ehrwürdigsten Vertreter dieses „Klassikers" können ein Alter von gut eintausend Jahren erreichen. Vor allem in den nordischen Ländern genoß die Eiche eine überragende kultische Bedeutung. Bei den alten nordeuropäischen Volksstämmen, wie den Germanen oder den Kelten, nahm die Eiche eine unumstrittene Vorrangstellung ein. So waren die Kelten in ihrer religiösen Vorstellungswelt davon überzeugt, daß die Eiche, welche die Eichelmistel beherbergte, den Göttern geweiht sei.

Umstritten ist allerdings die Herleitung des Wortes „Druide", also des keltischen eingeweihten Priesters, aus dem Wort „Duir", das Eiche bedeutet. Die Druiden wurden im Volk jedoch häufig auch als die „Eichenmänner" bezeichnet. Nicht zuletzt diese priesterliche Verknüpfung mit dem Druiden hat dazu beigetragen, in der Vergangenheit die Eiche stets als „männlichen" Baum zu deuten.
Die Eiche verschließt sich in der Regel nicht vor dem Menschen. Sie ist ihm zugeneigt und gewährt ihm bereitwillig Zugang zu ihrem Kraftfeld. Schon seit Menschengedenken besteht zwischen den Eichen und dem Menschen eine eigenartige Faszination. Immer wieder haben diese kraftvollen, markanten Bäume eine magische Attraktion ausgestrahlt.
Die Eiche gilt als Inbegriff von Vitalität und Ausdauer. Die allgemeine Stärkung und Kräftigung, die von ihren mächtigen Vertretern ausströmt, erweist sich geradezu als ein wahres Naturgeschenk an alle jene Hilfesuchenden, die mit ständiger Erschöpfung oder häufigen Erkrankungen geplagt sind.
Die Eiche ist der Baum, der ihnen wieder zu neuer Lebensfreude verhelfen kann, indem er seine schier unerschöpflichen Lebensenergien zu ihnen fließen läßt.
Als besonders hilfreich hat sich die Eiche auch nach schweren Krankheiten oder Operationen beim Menschen erwiesen. Sie ist ein wundervoller Begleiter in der Regenerationsphase. Men-

schen, die nach einer langen Krankheit nur schwer wieder auf die Beine kommen, sollten diesen Baum täglich aufsuchen, um von der gewaltigen Stärke zu profitieren, die dieser Kraftprotz ihnen zu geben bereit und in der Lage ist. Wer in der Rekonvaleszenzphase täglich an einer Eiche lehnt, wird mit Sicherheit schneller wieder zu Kräften kommen als jemand, von dem diese natürliche Kraftquelle nicht genutzt wird.

In der Pflanzenheilkunde werden die Rinde der Eiche sowie die Blätter des Baumes besonders zu Reinigungszwecken bei unreiner oder fettiger Haut herangezogen.
Diese Methode sollte allerdings mit Bedacht angewandt werden. Wenn die Anwendung über einen zu langen Zeitraum hinweg erfolgt, bedeutet dies, die Haut einer zu großen Austrocknung auszusetzen, was sich nicht als hilfreich erweisen dürfte.
Die Eichenrinde hat sich als ergänzendes Heilmittel auch bei stark gerötetem oder entzündetem Zahnfleisch bewährt.
Man setzt die Eichenrinde mit kaltem Wasser, um nach einigen Stunden das entstandene „Eichenwasser" als Spülmittel einzusetzen. Das Zahnfleisch wird darauf ausgesprochen positiv reagieren.
Auch in der Körperhygiene hat sich die Eichenrinde als wertvoll erwiesen, indem sie ein bewährtes Hausmittel gegen Schweißfüße darstellt.

Die Erle

Die Erle erreicht im ausgewachsenen Zustand eine Höhe von ungefähr fünfundzwanzig Metern. Sie sorgt für ihren Fortbestand, indem sie sich durch Aussaat der Erlennüsse vermehrt. Nicht erst seit dem „Erlkönig" gilt die Erle als ein Baum mit etwas „zwielichtigem" Ruf. Auch schon in alten Zeiten galt sie als ein eher düsterer Baum, und viele Spukgeschichten ranken sich um einzelne Erlen oder Erlenwälder. Ein Erlenbestand galt den Menschen häufig als „nicht ganz geheuer".

Die Erle könnte auch als „Trösterbaum" beschrieben werden. Erlen verschenken nämlich ihre Energien gerne an die Traurigen, Betrübten und Niedergeschlagenen. Diejenigen, die einsam im Nebel wandern und vor Traurigkeit, Müdigkeit und Niedergeschlagenheit die Sonne nicht mehr zu sehen glauben, sollten die Erle suchen. Sie wird der richtige Baum sein, um sie zu stärken und aufzurichten. Nach dem Besuch einer Erle wird sich auch der depressivste Zeitgenosse gestärkt und belebt fühlen. Die Erle schenkt neben dem Lebensmut häufig auch das Gefühl einer wiedererwachenden Fröhlichkeit, die hilft, die Schatten des Alltags in ihrer vorübergehenden Vergänglichkeit zu erkennen.

Die Erle vermag aber auch ausgleichend zu wirken. Menschen, die zu Jähzorn oder aufbrausender Heftigkeit neigen, werden unter den Ästen und Zweigen einer Erle eine neue Sanftmut kennenlernen und zu harmonischer Ausgeglichenheit zurückfinden.

In der Pflanzenheilkunde empfiehlt sich die Erle vor allem bei Erkrankungen der oberen Atemwege. Bei Entzündungen im Rachenraum oder bei geschwollenen Mandeln dient die abgekochte Rinde als vorzügliches Hausmittel.
Bei Erkrankungen des Zahnfleisches hat sich ein Sud aus in Wein und Wasser gekochter Erlenrinde bewährt. Er sollte mit Alaun vermischt werden und für eine gewisse Zeit im Mund behalten werden.
In früheren Zeiten galt die Erle auch als hervorragendes Abstillmittel. Aus frischen Erlenblättern wurde ein Breiumschlag bereitet und aufgelegt.
Im volkstümlichen Überlieferungsgut kam der Erle eine Schutzfunktion zu. Ihre Zweige wurden im Hauseingang oder im Hausflur aufgehängt und sollten so gegen alle Arten von negativen Energien ein Schutzschild bilden.

Die Fichte

Die Fichte kann eine Höhe von bis zu sechzig Metern erreichen. Dieser so weit verbreitete Nadelbaum wächst ausgesprochen schnell, was erfreulich bei der Produktion von Weihnachtsbäumen ist. Auch für den Geigenbau wird bevorzugt Fichtenholz verwendet.

In den alten Mythen kommt der Fichte keine überragende Bedeutung zu. Nur bei den Germanen galt die „Irminsäule", eine Fichte, als Nationalheiligtum. Später entwickelte sich aus dieser Überlieferung die Tradition des Maibaums, der ursprünglich als Heilszeichen galt. Er war ein Sinnbild für die Verbindung himmlischer und irdischer Kräfte. Ein Wissen, was bei modernen Maibaumbräuchen leider fast völlig in Vergessenheit geraten ist.

Die Fichte hilft dabei, Blockaden im menschlichen Energiesystem aufzulösen und so den Fluß der Lebensenergie neu in Gang zu setzen. Schon die alten asiatischen Hochkulturen wußten um die Verbindung zwischen Mensch und Natur, um das „Chi", die Lebenskraft, von Blockaden zu befreien. In der alternativen Medizin und in der Baumheilkunde gilt die Fichte daher als ein Baum, der nicht so sehr auf den physischen Körper einwirkt, sondern seine heilenden Kräfte auf den feinstofflichen Bereich des Menschen ausdehnt. Vor allem für jene Menschen, die Schwierigkeiten damit haben, die überwältigende Flut ihrer Gefühle zu kontrollieren, und sich als Getriebene im Strom ihrer Emotionen empfinden, kann die Fichte Hilfestellung leisten. Sie schenkt ihnen neue Einsicht und ein klareres Verständnis für den eigenen Weg und die eigene Lebensaufgabe.

Darüber hinaus geht von der Fichte eine beruhigende Wirkung aus. Menschen, die zu extremer Erregbarkeit neigen oder leicht aufbrausend wer-

den, lassen sich in vielen Fällen von der Fichten-Energie wieder beruhigen und finden zu mehr Gelassenheit. Dies hängt neben anderen Faktoren damit zusammen, daß die Fichte besänftigend auf die menschliche Atmung einwirkt und inneren Ausgleich von Gegensätzen herstellt. Der Atem beruhigt sich und wird tiefer, der Mensch findet wieder zur Ruhe und inneren Harmonie.
Ein weiteres Wirkungsfeld der Energie von Fichten ist die Durchblutung. Menschen, die unter Durchblutungsstörungen leiden, sollten die Nähe von Fichten suchen, die bei diesem körperlichen Problem eine entscheidende Hilfestellung zu geben vermögen.

In der Pflanzenheilkunde wird die Fichte in allen Variationen vor allem zur Bekämpfung und Linderung von Erkältungskrankheiten verwendet. So gilt ein Bad in Fichtennadeln als gutes Heil- oder Vorbeugungsmittel bei Erkältungen. Gleiches gilt für das Öl, das im Hals- und Nasenbereich aufgetragen werden kann.
Bei Problemen mit den Ausscheidungsorganen, speziell bei Entzündungen im Bereich der Nieren oder der Blase, hat sich die Anwendung von Fichtennadeltee als wirksam erwiesen.
Auch als Räucherwerk wird die Fichte immer wieder gerne herangezogen. Eine Räucherung mit Fichtennadeln diente schon im Mittelalter als hervorragendes Mittel zur Reinigung oder Desinfektion von Räumen.
Hildegard von Bingen beschreibt die Asche der

Fichte, aus der eine Lauge zubereitet wird, als Haarwasser, das „den Kopf gesund und die Augen klarsehend macht".

Die Haselnuss

Im eigentlichen Sinne wird die Haselnuß natürlich nicht als Baum einzuordnen sein. Dennoch darf der Haselnußstrauch in dieser Abhandlung nicht fehlen. Einzelne Haselnußsträucher können eine Höhe von fast zwölf Metern erreichen.
Bei den Kelten stand der Haselnußstrauch in hohem Ansehen. Er wurde in ihren kultischen Handlungen in vielfältiger Weise eingesetzt. So weihten sie ihn unter anderem der „weißen Göttin", die bei den Kelten als die Göttin der Lust galt. Von daher dürfte es nicht verwundern, wenn in der keltischen Tradition dem Haselnußstrauch eine stark die Potenz steigernde Kraft nachgesagt wurde.
Doch die Haselnuß hatte auch eine spirituelle Bedeutung im keltischen Glauben. In den keltischen Pflanzenbildern findet man den Haselnußstrauch vielfach als „Kelch des Wissens", vielleicht eine frühe Form der späteren Gralssymbolik.
Auch im magischen Bereich spielt der Haselnußstrauch eine wichtige Rolle. In seine Zweige wurden von den Druiden magische Formeln geschnitzt, so daß der Träger eines solchen „verzauberten Zweiges" vor dem bösen Blick

geschützt war. Auch Wünschelruten wurden zumeist aus einer Haselrute erstellt, die als besonders geeignet galt, um feine Energiefelder aufzuspüren.
Der Haselnußstrauch gilt in der Baumheilkunde als ausgesprochener „Muntermacher"! Ihm wird die Fähigkeit zugesprochen, dem Besucher ein Gefühl für die gewisse „Leichtigkeit des Seins" zu vermitteln. In Lebensphasen, die als ausgesprochen schwer und belastend empfunden werden, kann sich der Haselstrauch als treuer Freund und Helfer erweisen, da er eine jugendliche Unbeschwertheit und Fröhlichkeit ausstrahlt, die hilft, die Schatten der Traurigkeit und die Wolken der Melancholie zu vertreiben. In der Dichtung der Romantiker hieß es: Man nähert sich dem Haselstrauch mit einem Seufzer, verläßt ihn dagegen mit einem Jauchzer!

In der Pflanzenheilkunde wird der Haselnußstrauch ganz allgemein bei Fettleibigkeit oder bei Blutkreislaufstörungen empfohlen. In diesem Fall in Form eines Haselkätzchentees.
Bei Venenleiden und zur Bekämpfung von Krampfadern haben Aufgüsse von Blättern des Haselnußstrauches eine positive Auswirkung gezeigt.
Eine sehr spezielle Empfehlung hinsichtlich der wundersamen Heilwirkungen des Haselnußstrauches kommen von Hildegard von Bingen. Sie empfiehlt, da zu ihren Zeiten Viagra ja noch kein Thema war, dem Mann, der mit dem Pro-

blem der Impotenz oder Unfruchtbarkeit zu kämpfen hat, einen Braten zu verzehren, der mit Haselkätzchen, Pfeffer und Mauerpfeffer gewürzt wurde. Auf diese Weise, so die heilige Klosterfrau, hätte er einen wichtigen Beitrag geleistet, um seine Zeugungsfähigkeit wiederherzustellen!

Die Kastanie

Der edle, schön anzusehende Kastanienbaum kann bis zu dreißig Metern in den Himmel emporragen. Bei der Kastanie unterscheidet man zwei Arten, nämlich die Edelkastanie und die Roßkastanie, wobei erstere auch über die Nahrung Einfluß auf den Menschen gewinnen kann.

Die Kastanie bestimmt in vielen Ländern Europas das Bild der Gärten, Parks und Friedhöfe. Sie gilt als überaus beliebter Baum, dessen wunderbaren Schatten vor allem die Menschen in den südlichen Ländern im Sommer zu schätzen wissen. Vielleicht findet man ihn auch aus diesem Grund besonders häufig in Biergärten und Gastwirtschaften. Sehr beliebt ist die Kastanie durch ihre äußere Schönheit auch als Alleenbaum. Schon die Fahrt durch eine lange Allee aus Kastanienbäumen wirkt erhebend auf die vom Streß gebeutelte menschliche Seele.

Kastanien strahlen eine behütende Schwingung aus. Unter diesen prächtigen Bäumen kann der

Mensch ein tiefes Gefühl von Geborgenheit empfinden. Wer unter einem Kastanienbaum sitzt, wird sich nie einsam fühlen, selbst wenn er ganz allein dort sitzt. Von daher sei es gerade Menschen, die von einem tiefen, schmerzlichen Gefühl der Verlassenheit erfüllt sind, empfohlen, den Weg zu einer Kastanie zu finden. Sie ist der Baum, welcher sie wie kein anderer aus diesem Gefühl, allein auf der Welt zu stehen, befreien kann und wieder den Blick für die Hand öffnet, die der Mensch an ihrer Seite ihnen darreicht, die sie aber vor lauter Vertieftsein in ihr überwältigendes Gefühl von Einsamkeit nicht mehr bemerken können.

In der Pflanzenheilkunde wird die Kastanie übereinstimmend mit dem menschlichen Gedächtnis in Verbindung gebracht. Schon Hildegard von Bingen sprach der Edelkastanie die Wirkung zu, die menschliche Gedächtnisleistung erheblich zu verbessern. Praktisch gesehen, soll dies so geschehen, daß aus dem Holz der Edelkastanie ein Stab erstellt wird, an dem immer wieder gerochen werden kann. Dieses Vorgehen allein soll bereits eine das Gedächtnis stärkende Wirkung auslösen.
Die Kastanie gilt auch als wirksamer Baum bei hygienischen Prozessen. So wird angeraten, aus dem Saft der Edelkastanie einen Sauna-Aufguß herzustellen, der am Ende eines Saunaganges zum Einsatz kommen sollte. Dieser Edelkastaniensaft soll eine ausgesprochen wohltuende

Wirkung auf alle körperlichen Kräfte des Menschen ausüben.
Auch im medizinischen Bereich werden der Edelkastanie heilerische Fähigkeiten zugesprochen. So gilt sie als ausgesprochen wertvolles Mittel zur Bekämpfung von Lebererkrankungen.

Die Linde

Die Linde erreicht in ihren prächtigsten Exemplaren ohne Schwierigkeiten eine Höhe von fünfunddreißig Metern. Als Baum von großer Vitalität und Zähigkeit erreicht sie das ehrwürdige Alter von eintausend Jahren. Die Linde gilt als der volkstümlichste Baum überhaupt. In allen Kulturen und Ländern des Abendlandes war sie beliebt und galt in früheren Zeiten vielfach als der Mittelpunkt des Dorfes und des dörflichen Gemeinschaftslebens.
Für die Kelten stellte die Linde einen heiligen Baum dar. Sie genoß auch daher besonderes Ansehen, weil sie der Fruchtbarkeitsgöttin Frigg oder Freya geweiht war. Es sollte also niemanden verwundern, wenn früher beim Tanz unter der Linde heiße Liebesschwüre gesprochen und gebrochen wurden. Wer konnte schon der Macht Freyas widerstehen.
Bei den Germanen galt die Linde als der Gerichtsbaum. Unter ihrer mächtigen Krone hielten sie ihre Thing-Versammlungen ab. Dabei war der Hintergedanke der, daß der milde Duft der

Lindenblüte alle betroffenen Parteien versöhnlich und den Richter gütig stimmen sollte. Vielleicht sollte überlegt werden, ob in der streitsüchtigen Gegenwart nicht wieder Probleme der beliebten Nachbarschaftsstreitigkeiten unter freiem Himmel entschieden werden sollten. Vielleicht findet sich ja in jeder Kleingärtnerkolonie oder Reihenhaussiedlung zumindest ein kleiner Lindenbaum!

Die Linde galt auch von jeher als großer Schutzbaum. Diese Eigenschaft wurde schon im Mittelalter in zahlreichen Sagen und Balladen überliefert. Wer sich in die Obhut einer Linde begab, konnte beruhigt die Augen schließen.

Wie kein anderer Baum gilt die Linde als der große Besänftiger. Sie ist es, die dem unter Streß leidenden, ruhelosen Menschen Erholung und Entspannung schenkt. Anstatt nach einem hektischen Bürotag die Hantelmaschine im nächsten Fitneßcenter zu traktieren, wäre es weitaus begrüßenswerter, eine Weile an einer Linde zu lehnen.

Linden sind Bäume, die den Menschen einladen, einen neuen Zugang zu seiner eigenen Mitte, seiner eigenen Innerlichkeit zu finden. Hier kann er sich sammeln und so neue Kräfte sammeln. Auch nervöse, zur Hektik neigende Menschen sollten immer wieder Lindenbäume aufsuchen, um so zu einer gewissen meditativen Ausrichtung zu finden.

Linden können das menschliche Herz erwärmen. Wer einmal mit Offenheit unter einer Linde gesessen hat, wird ihre geradezu liebevolle Ausstrahlung erspürt haben. Sie kann Ärger in Verständnis und Ablehnung in Zuneigung verwandeln, wenn man sich ihrer gütigen, weisen Energie wirklich vom Herzen her öffnet.

In der Pflanzenheilkunde ist besonders der Lindenblütentee zu großer Berühmtheit gelangt. Der aus den Blüten des Baumes erstellte Tee sollte acht bis zehn Minuten durchziehen und stellt dann ein wunderbares Mittel bei fiebrigen Erkältungskrankheiten dar.
Er wirkt in außerordentlich intensivem Maße schweißtreibend und kann auch zu „Hell-" oder „Wachträumen" führen.
Auch im Pflegebereich ist die Linde ein zu beachtender Baum. Ein Tee aus Lindenblättern gilt als wunderbare Haarspülung. Er entspannt nicht nur die Kopfhaut, sondern läßt auch die Haare weich und geschmeidig werden.
Zusätzlich zu allen heilerischen Qualitäten hält die Linde auch noch ein Geschenk für die Feinschmecker bereit. Lindenblütenhonig gilt als ausgesprochene Delikatesse und übt zudem noch eine stärkende Wirkung auf die körperlichen Abwehrsysteme aus.

Die Ulme

Die Ulme steht als einzelner Baum, oder sie bildet mit Artgenossen lichte Haine. Sie erreicht eine

Höhe zwischen dreißig und vierzig Metern und kann bis zu fünfhundert Jahre alt werden. Durch ihren Wuchs, nämlich einen regelmäßigen Astbau, nimmt die Ulme anderen Bäumen kein Licht weg, was die Kelten dazu bewog, sie als Symbol der Freundlichkeit und der guten Gesinnung zu betrachten. Auch sahen sie in ihr ein Zeichen der Selbstlosigkeit und des Mitgefühls.
In der griechischen Mythologie war die Ulme dem Gott Hermes geweiht, in der kulturellen Tradition galt sie als Baum der Trauer, der in den Totenhainen die Bepflanzung bildete.
Schon Hildegard von Bingen empfahl den Ulmenbaum gegen Bosheit und üble Gesinnung. Ihren Beobachtungen zufolge wurden Menschen durch die Ulme wieder fröhlich und freundlich. Sie läßt die Menschen, die sich ihrem geistigen Schutz anvertrauen, einen neuen Blick auf das Leben finden, aus dem heraus sie auch eine scheinbar aussichtslose Lage zu meistern in der Lage sind. Die Ulme gilt auch als „Baum der Transformation". Sie verwandelt negative Kräfte in positive. Sie ist der Helfer bei kleinen und großen Problemen im Alltagsleben des Menschen und hilft ihnen, das Leben nicht zu schwer zu nehmen. Wer immer nur an den Problemen festhält, verwächst schließlich so eng mit ihnen, daß er sie gar nicht mehr los wird. Bis er auf eine Ulme trifft! Man sagt der Ulme ein solch starkes Kraftfeld nach, daß sie Krankheiten auf sich nehmen könnte, wenn der erkrankte Mensch sie berührt.

In der Pflanzenheilkunde wird besonders bei Hautkrankheiten, Gicht und Rheuma empfohlen, eine Ulme zu berühren, da sie diese Krankheiten besonders gut an sich zu ziehen verstünde.
Bei Ödemen wird die Abkochung der Ulmenrinde als schweißtreibendes Mittel empfohlen. Auch bei Hautausschlägen und Furunkeln wird der Tee aus Ulmenrinde als Heilmittel genannt, wobei ein Teelöffel Ulmenrinde mit einer Tasse heißen Wassers aufgegossen werden soll. Man kann auch zwei bis drei Tassen des Tees täglich trinken oder ihn als Mittel für Waschungen verwenden.
Hildegard von Bingen empfiehlt ein Feuer aus Ulmenholz, an dem sich Menschen, die unter Gicht oder Rheuma leiden, aufhalten sollen, um eine Linderung ihrer Beschwerden zu erfahren. Außerdem empfiehlt die weise Klosterfrau, frische und junge Blätter in Wasser zu legen und das Wasser dann schluckweise zu trinken. Dies galt in ihrer Überzeugung als ausgezeichnetes Mittel gegen Stoffwechselkrankheiten, Rheuma und Arteriosklerose.

Der Walnussbaum

Der Walnußbaum zählt nicht zu den Methusalem-Vertretern unter den Bäumen. Seine ältesten Repräsentanten zählen in der Regel keine zweihundert Jahre. Er gilt mit seinen maximal fünfundzwanzig Metern Höhe auch nicht als Riese.

Unter den Bäumen zählt er eher als Einzelgänger. Nur in seltenen Fällen treten Walnußbäume in Gruppen auf, meistens steht er als einsamer Vertreter seiner Zunft allein.
In früheren Zeiten wurde dem Walnußbaum durchaus besondere Bedeutung zugemessen. Bei den alten Griechen galten die Walnüsse als Götternahrung, was natürlich auch die weltlichen Griechen nicht davon abhielt, sie mit Appetit zu verspeisen. Für die Kelten galt der Walnußbaum als Zeichen für die Suche nach dem Beständigen, dem Unvergänglichen.
Das Stichwort, das im Zusammenhang mit dem Walnußbaum immer wieder genannt wird, lautet – Eigenverantwortung. Der Walnußbaum gilt als jener Vertreter unter den Bäumen, dessen Kraftfeld dem Menschen die Energie schenkt, wieder verstärkt eigene Verantwortung für sich und für andere zu übernehmen. Auch und gerade wenn Menschen Schwierigkeiten damit haben, selber Entscheidungen zu treffen, auch wenn diese mit unangenehmen Konsequenzen verbunden sind, so kann der Walnußbaum wahre Wunder wirken. Gleiches gilt für Menschen, die die Empfindung haben, in ihrem Leben nicht selbst bestimmen zu können, sondern mehr oder weniger unter dem Diktat anderer ihr Leben fristen. Auch ihnen vermag die Verbindung mit dem Walnußbaum neue Freiräume zu schaffen. Wer sich auf das Kraftfeld des Walnußbaumes einläßt, kann mit dessen Hilfe wieder eine klare Sicht auf seinen ureigenen, ganz persönlichen Lebensweg

gewinnen. Was bisher irgendwie unklar und verschwommen war, zeichnet sich nun auf einmal wieder deutlich und scharf konturiert ab.
Ein Mensch, der in seinem Leben in eine Umbruchphase eingetreten ist, tut gut daran, regelmäßig eine kleine „Pilgerschaft" zu einem Walnußbaum seiner Wahl zu unternehmen. Er wird allmählich feststellen, wie ihm der Kontakt mit seinem Baum hilft, richtige Entscheidungen zu treffen, die wahrhaft sein eigenes Wollen und seinen eigenen, frei gewählten Lebensweg repräsentieren.

In der Pflanzenheilkunde weist der Walnußbaum ein breites Spektrum an Möglichkeiten auf. Der Walnußblätterextrakt ist ein wundervolles Haarfärbemittel, natürlich nur bei braunen Haaren.
Ein interessantes Phänomen im Zusammenhang mit dem Walnußbaum ist es, daß Insekten und Pflanzenschmarotzer diesen Baum meiden. Dies erklärt sich leicht aus dem Umstand, daß aus den noch grünen Nußschalen ein äußerst wirksames Insektenschutzmittel gewonnen werden kann.
Im direkten Einfluß auf den Menschen haben die Schalen der Walnuß sehr positive Auswirkungen auf das Herz. Sie bewirken in all seinen Funktionen eine Stärkung. Auch bei Entschlackungskuren zeigen die Nußschalen denkbar begrüßenswerte Resultate.
Nach der Stillzeit haben sich die Blätter des Walnußbaumes als äußerst wirksames Mittel beim Abstillen erwiesen.

Die Weide

Ähnlich wie die Eberesche erreicht auch die Weide nur eine Höhe von gut zwanzig Metern und ein Alter, das selten die Grenze von hundert Jahren überschreitet. Die Weide tritt in einer Reihe von Arten auf, deren bekannteste die Saalweide, die Silberweide und die Trauerweide sind.

In nahezu allen großen Kulturepochen spielte die Weide eine nicht unerhebliche Rolle. In der Antike galt die Trauerweide als Symbol der Keuschheit, weil aus den Wurzeln liebestötende Extrakte gewonnen wurden. Bis heute hat sich niemand darüber den Kopf zerbrochen, ob die Weide vielleicht deshalb ihr trauriges Aussehen und ihren Namen erhalten hat!

Bei den Kelten spielte sie eine große Rolle innerhalb der Naturverehrung. Die Weide treibt nahezu bei jeder Witterung aus und galt daher bei den Kelten als Sinnbild für das unaufhörliche Wiedererwachen der Natur.

Im Mittelalter sollen in der Walpurgisnacht bösartig gesonnene Hexen auf Weidenbesen durch die Lüfte geritten sein. Die Weide ist ein diözischer Baum, trägt also entweder weibliche oder männliche Blütenkätzchen; und dementsprechend hausten in der Weide entweder Kobolde in der männlichen oder Hexen in der weiblichen Variation.

Der Gebrauch der Weidenkätzchen in der christlichen Kirche geht ursprünglich auf den Einzug

Jesu in Jerusalem zurück. Ab dem 7. Jahrhundert ist dann der kirchliche Brauch dokumentiert, am Palmsonntag einen Palmbusch zu weihen, der dann in den nördlichen Ländern häufig durch einen Zweig der Saalweide ersetzt wurde. In Haus oder Hof angebracht, schenkt er den Segen Christi und bewahrt alle Bewohner und Haustiere beziehungsweise in ländlichen Gegenden das Vieh im Stall vor Unheil und Schaden. Auf dem Dach angebracht schützen die geweihten Palmkätzchen vor Feuer und Blitzschlag. In protestantisch geprägten Gegenden wird man diese alten Bräuche jedoch kaum antreffen, da Martin Luther sie als Aberglauben ablehnte und verdammte.

In der Baumheilkunde gilt die Weide als Mittel für verbitterte Menschen, die zudem zu einer übermäßigen Form von Selbstmitleid neigen. Auch der englische Arzt und Begründer der nach ihm benannten „Bach-Blütentherapie" vertrat diese Auffassung. Sie hilft weiterhin Menschen, die dazu tendieren, die Verantwortung für alles Geschehen stets bei anderen zu suchen. Auch gegen Unausgeglichenheit und Wut ist die Weide eine bewährte Gegenkraft. Die Weide bekämpft diese negativen Zustände und entfaltet gleichzeitig die Eigenverantwortlichkeit.

Die Weide hat eine ganz „persönliche" Form der Einwirkung. Sie berührt den Menschen auf einer tieferen Ebene. Sie führt ihn in melancholische Stimmungen, und sie weckt tiefliegende Sehnsüchte. Sie läßt ihn in Augenblicken der Stille erkennen, daß er nur eine kurze Weile zu Besuch auf der Erde ist und alles Leben der Vergänglichkeit unterliegt. Nicht umsonst gilt der Weidenbaum als der Baum der Trauer und des Todes – aber auch als Symbol der stetigen Erneuerung.

In der Pflanzenheilkunde wird der Weidenrinden-Tee bei Nieren- und Blasenerkrankungen eingesetzt. Dabei gilt es, eine aus hundert Gramm bestehende Teemischung mit zehn bis fünfzehn Gramm Weidenrinde zu versehen. Hier gilt es, umsichtig vorzugehen, da sonst eine zu starke Reizung der Magenschleimhaut entstehen könnte.
Bei Hautrötungen und Ausschlägen empfiehlt sich das Auflegen eines Umschlages aus Weidenrinde. Diese sollte allerdings, um ihre volle Wirksamkeit zu entfalten, frisch gequetscht werden. Auch ist es ratsam, den Umschlag nach etwa einer Stunde zu erneuern.
Die Weidenrinde hat sich auch als Mittel gegen Kopfschmerzen bewährt. Der abgekochte Sud der Weidenrinde läßt sich auch als Gurgelmittel bei Entzündungen und zur Spülung bei gereiztem Zahnfleisch einsetzen. Es empfiehlt sich jedoch nicht, den Weidenrindensud zu schlukken!

KAPITEL 3

Mit Bäumen in Kontakt treten

Baum-Meditationen

Der Weg zum persönlichen Lieblingsbaum

Bevor man den Weg zum eigenen, zum „persönlichen" Lieblingsbaum beschreiten kann, war es erforderlich, im vorangegangenen Kapitel ein gewisses Grundwissen zu vermitteln.
Aufbauend auf diesen Erkenntnissen, die eine Einstimmung auf die Energien von Bäumen vermittelten, kann nun der Weg im Detail auf die Arbeit und den Umgang mit Bäumen eingegangen werden.
Um sich überhaupt auf Bäume, besser gesagt auf *Baumwesen* einlassen zu können, ist es vor allem erforderlich, geistig offen zu sein.
Wer Bäume nur für ein Stück Holz hält, sollte an dieser Stelle das Buch schließen, denn alles weitere wird er ohnehin für Humbug halten.
Wer jedoch Bäume als lebendige Mitgeschöpfe im großen Spiel des Lebens sehen kann, wird so möglicherweise den Wunsch verspüren, diesen Wesen zu begegnen.
Wenn aus dieser grundsätzlichen Offenheit dann ein Herzenswunsch wird, sind die Wege bereitet, um mit einer Energie in Kontakt zu treten, die ein neues geistiges und körperliches Wohlbefinden herstellen kann.

Der Baum in der Begegnung

Um einem Baum wirklich begegnen zu können, bedarf es einer gewissen inneren Vorbereitung und Einstimmung. Wer aus dem hektischen Berufsalltag kommt, sich auf sein Fahrrad schwingt und mit lautem Hupen in den Wald prescht, um die lahmen Fußgänger zu vertreiben, wird kaum, auch wenn er es sich vornimmt, eine intensive Begegnung mit einem Baum erleben. Nur aus einem Moment der Ruhe heraus kann eine tiefere innere Erfahrung erwachsen.
Mit Bäumen in Kontakt zu treten bedeutet, einen Schritt zur Seite zu gehen, um den Baum auf sich wirken lassen zu können. Wie kann „das andere" erfahren werden, wenn „das Ich" völlig im Vordergrund steht? Nur wer diese wenigen, aber wichtigen Ratschläge beherzigt, wird von seinem Baum jene geistig-seelische Stärkung erfahren, die er sich wünscht, und jene körperliche Erholung, derer er bedarf.

Die intuitive Baumwahl

Es gibt verschiedene Wege, um sich einen Baum auszusuchen und in eine Begegnung mit ihm einzutreten. Einer der wirksamsten ist der Pfad der Intuition. Lassen Sie sich von Ihrer Intuition leiten, und vertrauen Sie ihrer Führung.
Formulieren Sie zuerst geistig Ihr eigentliches, Ihr zentrales Problem. Dann können Sie sich auf

die Wanderschaft begeben, um den Baum zu suchen, der Sie anzieht. Gehen Sie das ganze Geschehen nicht vom Kopf an, sondern lassen Sie sich von Ihrem Herzen führen. Sie werden allerdings feststellen, als logisch geschulter und „vernünftig“ erzogener Mensch des Abendlandes, daß Sie einige widerspenstige Stimmen ausschalten müssen, ehe Sie wirklich vom inneren Vertrauen her handeln können.
Legen Sie also die linke Hand auf Ihr Herz, und lassen Sie sich von einer bestimmten Baumenergie anziehen. Der Baum, Ihr Baum, wird Sie rufen, denn er ist ja bester Absicht, Ihnen seine Hilfe zuteil werden zu lassen.

Die erste Berührung

Nachdem Sie erstmals von einem Baum angerührt wurden und eine Anziehung verspürten, können Sie sich ihm nähern. Suchen Sie sich Ihren Platz am oder unter dem Baum. Es gibt verschiedene Möglichkeiten, zu einer ersten Berührung mit „Ihrem“ Baum zu kommen. Handeln Sie so, wie es Ihnen in den Sinn kommt. Setzen Sie sich entweder direkt an den Stamm, oder lassen Sie herabhängende Zweige über Ihren Körper streifen. Sie sollten Ihre Vorgehensweise vom Augenblick bestimmt sein lassen. Vertrauen Sie auch hier Ihrer Intuition und dem Geist des Augenblicks!
Schließen Sie nun die Augen, und nehmen Sie

eine bequeme Haltung ein, die es Ihrem Körper erlaubt, sich wohl und geborgen zu fühlen. Jetzt ist der Zeitpunkt gekommen, sich wirklich auf den Baum einzulassen und sich innerlich auf ihn einzustimmen. Konzentrieren Sie sich auf Ihren Atem. Lassen Sie das Einatmen und das Ausatmen zu einem langsamen Geschehen werden. Was immer auch Ihre Absicht oder Ihr Wunsch war, streichen Sie ihn von diesem Moment an aus Ihrem Denken, und nehmen Sie nur den Baum und seine heilenden Energien wahr. Sie werden feststellen, daß spontan Gedanken, Gefühle und Bilder aufsteigen. Das ist gut so; und Sie sollten es ohne einzugreifen geschehen lassen.
Beobachten Sie, was geschieht, und haben Sie Vertrauen zu den heilenden Kräften des Baumes. Wenn es Ihnen gelingt, Ihr „kleines Ich" auszuschalten und sich dem Prozeß der Erfahrung und der Berührung hinzugeben, werden Sie ganz von den Energiefeldern des Baumes erfaßt. Tauchen Sie in das gewaltige Kraftfeld eines wundervollen Wesens ein! Bleiben Sie so lange sitzen, wie Sie es als richtig empfinden! Der Baum wird es Sie wissen lassen, wenn der Zeitpunkt gekommmen ist, wieder in den normalen Alltag zurückzukehren.

Die rationale Baumwahl

Manche Menschen werden Schwierigkeiten damit haben, einen Baum ihrer Wahl auf rein intuitiver Basis zu finden. Für sie wird das Kapitel 2 die Grundlage bilden, um sich einem Baum ihrer Wahl zu nähern. Sie werden die Wahl anhand der beschriebenen Baum-Qualitäten treffen.

Machen Sie sich also Ihr Problem bewußt, und gehen Sie anhand der skizzierten Baumenergien vor. Stehen Sie beispielsweise vor der Situation, nach einer längeren Krankheit aufbauende Kräfte zu benötigen, so wird Ihre Wahl aller Voraussicht nach auf eine Eiche fallen. Dieser Kraftprotz unter den Bäumen wird Ihnen in der Regenerationsphase genau jene Heilenergien zur Verfügung stellen, derer Sie bedürfen.

Sie sollten jedoch beachten, daß es auch bei einer rationalen Baumwahl erforderlich ist, mit Ihrem Baum „ins Gespräch" zu kommen. Im vorherigen Kapitel wurde dargelegt, daß jede Baumgattung eine spezielle Energie zu verschenken hat – und dennoch ist Baum nicht gleich Baum. Der Kontakt zu „Ihrem Baum" sollte immer auch von einer ganz persönlichen Anziehung begleitet sein. Auch bei der rationalen Wahl eines Baumes gilt es, einen geeigneten Platz zu finden, die Atmung zu kontrollieren, ruhig zu werden, die Augen zu schließen und sich einzustimmen.

Über die Einstimmung sollte dann die Bitte an den Baum erfolgen, eine bestimmte heilende oder inspirierende Kraft zu empfangen. Die Form der Bitte ist auch deshalb hilfreich, weil es eine Form des Sich-Einlassens auch geistig zum Ausdruck bringt. Bäume sind wunderbare Wesen und verfügen über eine mächtige Kraft, an die der Mensch sich anschließen kann und darf. Er sollte in seiner Anfrage an den Baum aber auch seinen Respekt vor einer anderen geistigen Ausdrucksform der Schöpfung zum Ausdruck bringen.

Die Nacharbeit

Nachdem die Begegnung mit Ihrem Baum erfolgt ist, hat es sich als hilfreich erwiesen, diese Begegnung bewußt aufzuarbeiten. Dazu kann beispielsweise das Führen eines Tagebuches von Nutzen sein. Falls Sie nicht zu den Tagebuch-Schreibern gehören, könnten Sie zumindest mit der Abfassung eines „Baum-Tagebuches" beginnen. Ihre Gefühle und die aufgestiegenen Bilder zu notieren, kann Ihnen helfen, deutlicher und klarer zu verstehen, wo Sie sich gegenwärtig auf Ihrem persönlichen Lebensweg befinden. Es kann auch eine wertvolle Erfahrung sein, Ihren Baum zu zeichnen. Dabei kommt es in keiner Weise auf den künstlerischen Wert Ihrer Arbeit an, sondern auf Ihre innere Verbindung mit dem Baum Ihrer Wahl.
Baumheilkundler empfehlen Menschen, die sich erstmals auf die Begegnung mit einem Baum einlassen, ein bestimmtes Bild als eine Art Kennung abzuspeichern, über die sie jederzeit wieder Zugang zu ihrem Baum aufnehmen können. Dies kann eine Einzelheit des Baumes selbst oder eine persönliche Erfahrung oder Empfindung wäh-

rend der Begegnung sein. Dieses Bild kann Sie jederzeit im Alltag begleiten und ist in Situationen, in denen Sie des Schutzes oder der Kraft des Baumes bedürfen, abrufbar. Über diese geistige Einstimmung bleiben Sie mit Ihrem Baum verbunden.

Baumöle

Allgemeines

Eine spezielle Form der Arbeit mit Bäumen besteht im Umgang mit Baumölen. Diese tragen die feinstofflichen Energien der Bäume, ähnlich wie Blütenessenzen, in sich. Teile der Bäume werden in Öl und einer Wasser-Emulsion eingeweicht, und die so gewonnene Tinktur wird mit Ölen vermischt und solarisiert. Die Öle können in das Badewasser gegeben werden, auf schmerzende Stellen aufgetragen und zum Einreiben verwendet werden. Nachfolgend werden einige der wirksamsten Baumöle in ihrer Wirkung auf der seelischen und auf der körperlichen Ebene beschrieben.

Die Birke

Körper: Das Birkenöl ist besonders wirksam in

Schocksituationen, die den Körper betreffen. Es hilft, Verspannungen oder Erstarrungen zu lösen, die infolge des Traumas oder des Schreck entstanden sind.
Auch bei akuten Schmerzsituationen hat sich die Arbeit mit Birkenöl als ausgesprochen hilfreich erwiesen.

Seele: Im seelischen Bereich kann die Energie der Birke zur Versöhnung beitragen. Das aufgetragene Birkenöl hilft, inneren Groll langsam abzubauen und die Hand zum Ausgleich zu reichen.
Es setzt seinen Benutzer zudem in die Lage, sich seiner eigenen Kräfte und Wesenszüge bewußter zu werden und sein ureigenes Potential zu nutzen.

Die Buche

Körper: Die zentrale Kraft des Buchenöls besteht darin, Energieblockaden im menschlichen Körper aufzulösen und so den freien Fluß der Lebensenergie wieder zu ermöglichen.

Seele: Im seelischen Bereich kann die Energie der Buche zur Befreiung von Ängsten führen. Auch Traumata, die in der Tiefe verborgen liegen, können so ans Licht gebracht und überwunden werden. Das Buchenöl schenkt Selbstsicherheit und die Fähigkeit, sich der eigenen Fähigkeiten und Begabung bewußt zu werden.

Der Buchsbaum

Körper: Auch das Buchsbaumöl wirkt auf das menschliche Energiesystem. Mit seiner Hilfe können auch chronische Beschwerden gebessert werden, indem die Zirkulation der Lebensenergie im Körper wieder ungestört fließen kann.

Seele: Wer die Tendenz hat, als notorischer Schwarzseher durch die Welt zu gehen, wird mit Hilfe des Buchsbaumöls allmählich dazu kommen, die Zukunft positiver zu sehen. Er löst sich allmählich von der Vergangenheit und öffnet sich für neue Ideen.

Die Fichte

Körper: Die Fichte und das Fichtenöl wirken grundsätzlich positiv auf alle Unstimmigkeiten im Bereich der Atmung.
Hier wirkt das Fichtenöl regulierend. Auch Krankheitsbilder, die durch energetische Stauungen verursacht werden, vermögen mittels des Fichtenöls eine Linderung zu erfahren.

Seele: Auch auf der seelischen Ebene lautet das Thema des Fichtenöls Loslassen und Blockaden überwinden.

Der Ginster

Körper: Der Ginster hat sich allgemein bei allen Veränderungen im Körper bewährt, die Übergänge anzeigen.
Das betrifft vor allem den Jugendlichen in der Pubertät, die werdende Mutter in der Schwangerschaft und die ältere Frau am Anfang der Menopause.

Seele: Im seelischen Bereich steht das Ginsteröl für Neubeginn und Transformation. Es hilft, die inneren Kräfte zu entfalten, die erforderlich sind, um einen Neuanfang, auf welcher Ebene auch immer, erfolgreich zu gestalten. Auch beim Abschluß eines Prozesses oder einer menschlichen Bindung hilft das Ginsteröl, indem es die Trauerbewältigung unterstützt.

Die Kiefer

Körper: Das Öl der Kiefer hilft auf der körperlichen Ebene bei der Überwindung von Schwächezuständen und großer Erschöpfung. Sie setzt neue Lebensenergien frei und vermittelt frische Vitalität.

Seele: Im seelischen Bereich hilft die Verwendung des Kiefernöles beim Erlangen einer gewissen Leichtigkeit im Umgang mit den Problemen des Lebens. Dem Benutzer kommt es vor, als sei er wieder an den großen, ewig fließenden Strom des Lebens angeschlossen.

Der Walnussbaum

Körper: Das Öl des Walnußbaumes hat sich als hilfreich bei allen Problemen im Bereich der Atemwege erwiesen. Es unterstützt die körperlichen Energieströme und löst Blockaden im Energiehaushalt des Körpers auf.

Seele: Im seelischen Bereich bewirkt das Walnußbaumöl eine innere Befreiung, eine Loslösung von alten Schatten. Das Verantwortungsgefühl wächst, und der Mensch geht mit neuem Vertrauen und mit ungebrochener Zuversicht an die Bewältigung seiner Aufgaben und die Verwirklichung seiner Lebensziele heran.

Der Weissdorn

Körper: Das Öl des Weißdorns vermittelt bei seiner Verwendung ein ganz neues, intensives Körpergefühl. Menschen, die gelegentlich das Gefühl haben, „neben sich zu stehen", werden mit diesem Öl zu einem ganz neuen Kontakt mit dem eigenen Körper kommen.

Seele: Im seelischen Bereich löst das Öl des Weißdorns sowohl aus den Verhaftungen in der Vergangenheit als auch von den utopischen Projektionen in die Zukunft. Der Mensch lernt wieder, daß es allein wichtig ist, im Hier und Jetzt zu leben. Damit löst sich auch das Problem, Entscheidungen ständig zu vertagen. Sie werden konfrontiert und letztlich bewältigt. Die Zeit der Entscheidungslosigkeit kommt allmählich zu einem Ende.

KAPITEL 4

Der Baumkalender der Kelten

Historischer Rückblick

Die Kelten in Mitteleuropa

Die Wurzeln der keltischen Tradition liegen in der Mitte der mitteleuropäischen Eisenzeit. Ihre Anfänge werden von der historischen Forschung allgemein um etwa das Jahr 1000 v. Chr. angesetzt.

Die Kelten begannen aus Eisen Waffen zu schmieden, um ihre militärische Stärke zu verbessern. Frankreich, Spanien und das südöstliche Britannien waren die frühen Zentren der keltischen Stämme, die eine erste Blütezeit um etwa 500 v. Chr. erlebten.

Im darauffolgenden Jahrhundert weiten sie ihr Einflußgebiet bis nach Italien und Südosteuropa aus.

Im vierten vorchristlichen Jahrhundert gelang es ihnen sogar, fast ein Jahr lang Rom besetzt zu halten.

Im dritten Jahrhundert erlebt die keltische Kultur ihre höchste Verbreitung. Fast in ganz Europa ist ein keltischer Einfluß nachzuweisen.

Mit dem Aufstieg des Römischen Weltreiches beginnt jedoch der Abstieg der keltischen Tradition. Sie werden immer mehr in den Norden Europas zurückgedrängt, und nach dem Siegeszug Cäsars spielen sie am Beginn der neuen Zeitrechnung nur noch in Großbritannien eine Rolle.

Die Druiden

Keine Hochkultur kann ohne eine religiöse Verankerung bestehen. Bei den Kelten nahmen ihre eingeweihten Priester, die Druiden, diese Rolle ein. Sie waren vertraut mit den Mysterien der Natur, sie besaßen Heilkräfte, und sie überbrückten den Abgrund zwischen irdischer und geistiger Welt. Anders als spätere Priestergenerationen standen die Druiden jedoch dem Volk näher. Sie banden die Lebenswelt des normalen Bürgers in ihre heiligen Feste und Rituale ein, was relativ leicht möglich war, da diese eng mit den Zyklen der Natur verbunden waren. Die großen Sonnenwendfeste spielten dabei ebenso eine Rolle wie Erntezeremonien oder die Verehrung von Naturwesen.

Schon seit den Anfängen der keltischen Kultur spielten Bäume im täglichen und im sakramentalen Leben eine große Rolle. Bäume waren Kraftplätze, Heilplätze und Versammlungsplätze. Vielfach spielte sich das gesellschaftliche Leben unter Bäumen ab, oder es wurde unter markanten Baumriesen Recht gesprochen.

Der Baum stand also mitten im Leben der Menschen, und ihre Priester, die Druiden, waren nur deshalb zu ihrem Dienst berufen, weil sie tiefer als andere die Mysterien der Natur und des Lebens erforscht hatten.

Ihre Funktion bestand daher weniger in der Vermittlerschaft zwischen Mensch und Gott als in der Verbindung zwischen Menschen und Natur.

Da der Sünde-Gedanke bei den Kelten keine große Rolle spielte, war die Lebensbejahung und die Naturbejahung ungleich stärker ausgeprägt als bei den meisten anderen religiösen Traditionen, die zur gleichen Zeit in Europa oder Kleinasien von Bedeutung waren.
Die Kelten lebten auf einzigartige Weise in Harmonie mit der Natur und in Harmonie mit den Bäumen.

Der Baum als Symbol des Lebens

Die Kelten waren nicht die einzige Hochkultur, die den Bäumen einen besonderen Status zusprachen. In zahlreichen Mythen, Überlieferungen und Legenden spielen Bäume eine bedeutende Rolle; doch die Kelten führten die „Baum-Kultur" zu einem nie wieder erreichten Höhepunkt. Sie lebten in enger Verbindung mit den Bäumen, sahen diese wiederum in einer speziellen Symbiose mit den Menschen.
Menschen und Bäume waren, nach Überzeugung der druidischen Weisen, untrennbar miteinander verwoben.
In faszinierender Weise drückt sich diese Überzeugung im „Keltischen Baumkalender" aus. Die Kelten, in ihrer ständigen Ausrichtung an der Natur, unterteilten das Jahr in bestimmte Abschnitte, die eng mit Aussaat- und Wachstumsprozessen verknüpft waren, und ordneten diesen Abschnitten bestimmte Bäume zu.

Diese Zuordnung wies einen tieferen Sinn auf und hatte über die natürliche Bedeutung auch einen gesellschaftlichen Bezugspunkt. Der „Baumkalender" stellte nicht nur einen chronologischen Orientierungsrahmen dar, vielmehr spiegelte er ein inneres Ordnungssystem, das die Erkenntnisse des natürlichen Lebens in bezug zum menschlichen setzte. Der Baumkalender wirkte also auf die gesellschaftlichen Rahmenbedingungen ein.

KAPITEL 5

Das keltische Baumhoroskop

Das Baumhoroskop als Lebenshilfe

Die Kelten, die sich nie als getrennt von der Natur erfuhren, sahen in ihrem „Baumkalender" oder „Baumhoroskop" eine Verbindung aus tiefsinniger Deutung der Naturprozesse und praktischer Lebenskunst.

Aufgrund ihrer jahrhundertelangen Beobachtung der Natur und der Menschen zogen sie bestimmte Schlüsse hinsichtlich der wechselseitigen Beziehungen.

Die Bedeutung der Jahreszeit, des Sonnenstandes und der natürlichen Lebenszyklen, innerhalb derer ein Mensch geboren wurde, hatte erheblichen Einfluß auf seine Wesenszüge und seine Charaktereigenschaften. Gleiches galt für das von den Druiden genau bestimmte Wesen der Bäume.

Die weisesten unter ihnen begannen daher, die „Wesenszüge" und „Charaktereigenschaften" von Bäumen mit denen der Menschen zu vergleichen und eine Zuordnung herzustellen. So wurde eine Verbindung zwischen dem keltischen Baumkreis und dem keltischen Baumhoroskop geknüpft. Das Ergebnis stellte eine beeindrukkende Übereinstimmung der „Wesenszüge" und „Charaktereigenschaften" von Bäumen *und* Menschen dar. Der Mensch sah sich gespiegelt im Baumkalender!

Erstaunlicherweise sind in den keltischen Baumkalendern nur zwei Obstbäume aufgenommen worden – der Apfelbaum und der Feigenbaum. Alle anderen Bäume sind nahezu ausschließlich Laub- oder Nadelbäume.

Im nachfolgenden keltischen Baumhoroskop werden die Charaktereigenschaften der jeweiligen Bäume und ihr Liebesleben dargestellt, wobei der Apfelbaum den Anfang macht, da er dem 1. Januar zugeordnet ist. Alle weiteren Bäume leiten sich dann aus der chronologischen Reihenfolge des keltischen Baumkalenders ab.

Der Apfelbaum

23. Dezember bis 1. Januar und 25. Juni bis 4. Juli

Die im Zeichen des Apfelbaums Geborenen zählen zu den besonders verständnisvollen Menschen im keltischen Baumhoroskop. Sie sind ganz einfach ausgesprochen liebevolle und liebenswerte Menschen, die mit einem schier unerschöpflichen Ideenreichtum ausgestattet sind. Das Leben des „Apfelbaum-Menschen" ist niemals langweilig. Ihnen fällt immer wieder etwas Neues ein, was Abwechslung und Schwung in ihr Leben zu bringen vermag. Trostloser Schwermut oder trübsinnige Melancholie wird man bei diesen lebenslustigen Wesen vergebens suchen. Ihr Äußeres ist von Anmut und Ästhetik geprägt. Allerdings zählen sie nicht gerade zu den athleti-

schen Geschöpfen des Baumkreises. Immer wieder sind sie bemüht, einen Ausgleich zwischen gegensätzlichen Positionen herzustellen und zwischen ihren Mitmenschen zu vermitteln.
„Apfelbäume" sind weltoffene Naturen, die mit einem gesunden Maß an Optimismus ausgestattet sind. Gelegentlich haben sie mit Mißverständnissen zu kämpfen, was darin seinen Ursprung findet, daß diese Gefühlsmenschen sich gerne selbst schützen, wenn sie das Gefühl haben, nicht verstanden zu werden. In solchen Situationen oder Lebenslagen werden sie alle Abwehrmechanismen auffahren, die ihnen zur Verfügung stehen.

Das Liebesleben der „Apfelbäume"

Die im Zeichen des Apfelbaums geborenen Wesen sind die großen Flirter des Baumhoroskops. Diese Eigenschaft macht es ihren Partnern vom anderen Geschlecht nicht immer einfach, verlangt dieser Charakterzug ihnen doch ein hohes Maß an Toleranz ab. Sie sollten dabei jedoch niemals aus den Augen verlieren, daß die „Apfelbäume" in ihrem Herzen überaus treue Geschöpfe sind, selbst wenn es rein äußerlich betrachtet nicht so aussieht. Sie sind nicht nur überaus zärtlich und verständnisvoll, sondern sie gehören zu jenen liebevollen Partnern, auf die man sich unbedingt verlassen kann. Auch wenn

sie hier einem Flirt und dort einem Flirt nachgehen, wenn ihr Partner sie an seiner Seite benötigt, dann sind sie da. Deshalb kann man einen „Apfelbaum“ dadurch am ehesten an sich binden, wenn man ihm ganz viel Freiraum gewährt. Dies erfordert eine Menge Offenheit und Flexibilität in einer Beziehung; doch die „Apfelbäume“ lohnen es ihren Partnern, indem sie treu verbunden bleiben und die Beziehung niemals in der Langeweile versinken lassen.
Ganz wichtig ist es, dem „Apfelbaum“ Raum zu geben, seine Sehnsüchte zu teilen und sein liebevolles Herz austauschen zu können. Die „Apfelbäume“ sind die großen Romantiker und die tiefen Liebenden des Baumkreises!

Die Tanne

2. bis 11. Januar und 5. bis 14. Juli

Die im Zeichen der Tanne Geborenen wirken auf den ersten Blick eher etwas verschlossen und ein wenig unnahbar; aber man sollte sich nicht täuschen lassen. Die „Tannen“ zählen zu den außerordentlich sensiblen Wesen, die ein hohes Maß an Schutz und Geborgenheit benötigen, um ihr feinfühliges Wesen entfalten zu können. Sie wollen das Leben in seiner Ganzheit erfahren und dabei ganz aus ihrer Intuition schöpfen. „Tannen“ verfügen über präzise Antennen, mit denen sie alles aufspüren, was aufzuspüren ist. Sie spü-

ren bereits dann etwas, wenn ansonsten noch niemand etwas spürt! Ihre Empfindsamkeit hindert sie aber nicht daran, entsprechend ihrer Wahrnehmung blitzschnell zu handeln.
„Tannen" sind lebenshungrige Geschöpfe und wollen alles erleben, was die Welt ihnen bietet. Sie setzen ihren Lebensstil aber niemals zu Lasten anderer um, sondern sind stets bereit, Liebe zu verschenken und mit Fürsorglichkeit dem Nächsten zur Seite zu stehen. Allerdings zählen sie zu den impulsiven Bäumen des Baumkreises, und wenn eine „Tanne" gereizt wird, dann läßt sie sich schnell hinreißen und reagiert überzogen. Ihr Gegenüber muß dann erst einmal alle Nadeln entfernen!
Die „Tannen" sind die großen Idealisten im Baumkreis. Sie verfolgen begeistert und mit Leidenschaft ihre hohen Ideale und erwarten dabei, daß ihre Mitmenschen ihren Höhenflügen folgen. Sie sind dabei keineswegs unfair oder überzogen in ihren Ansprüchen, denn sie erwarten ja „nur" das von den anderen, was sie auch von sich selbst erwarten. Natürlich nur das Beste, Lauterste und Edelste!

Das Liebesleben der „Tannen"

Auf den ersten Blick könnte man die „Tanne" auch in ihrem Liebesleben als eher abweisend und zurückhaltend einstufen. Doch auch hier täuscht der erste Eindruck. Allerdings ist es erforderlich, ein wenig genauer hinzuschauen, um das Leuchten und das Funkeln in ihren Augen zu erfassen. Die „Tannen" sind sehr scharfe Beobachter, und sie erkennen die Aufschneider und Angeberinnen sehr schnell. Erschauen und Sich-Zurückziehen geht dann blitzschnell Hand in Hand.

Sie sind nicht an oberflächlichen und raschen Eroberungen interessiert, sondern zielen eher auf eine tiefe, innige Liebesbeziehung ab. Dauerhaftigkeit ist eher ihr Thema als der spontane Seitensprung. Bei der „Tanne" muß sich erst eine innere Eingestimmtheit, ein seelischer Gleichklang und eine tiefe Vertrautheit zeigen, ehe sie sich mit ihrem ganzen Wesen verschenkt. Wenn sie jedoch einen Partner gefunden haben, der ihnen das Gefühl von Geborgenheit und Verständnis vermittelt, können „Tannen" ihren zärtlichen und liebevollen Charakter auf wundervolle Weise entfalten.

Die Ulme

12. bis 24. Januar und 15. bis 25. Juli

Die im Zeichen der Ulme Geborenen zählen zu jenen Geschöpfen des Baumkalenders, die sich durch eine besonders offene Ausstrahlung auszeichnen. Sie neigen überhaupt nicht zum Pessimismus, sondern gehen mit einer ansteckenden Lebensbejahung durch die Welt. Allerdings

benötigen sie die Anerkennung ihrer Mitmenschen, damit sich ihre inneren Anlagen zu ihrer wahren Größe entfalten können.
Die „Ulmen“ sind zumeist auf der Suche nach einem harmonischen Umfeld. Wenn sie dieses geschaffen oder gefunden haben, können sie mit großer Freigebigkeit und Toleranz ihr Leben gestalten. Schwierigkeiten können allerdings dann auftreten, wenn die „Ulmen“ mit einer disharmonischen Atmosphäre konfrontiert werden. In diesem Fall zeigen sie einen etwas problematischen Charakterzug: sie werden rechthaberisch! Hier gilt es, atmosphärische Störungen frühzeitig zu erkennen und zu vermeiden, und zwar sowohl auf der Seite der „Ulme“ als auch auf Seiten ihres Partners beziehungsweise ihrer Partnerin.
„Ulmen“ zählen zu den Menschen, die sich gerne verschenken. Allerdings ist daran eine kleine Bedingung geknüpft – sie verschenken sich nur zu ihren Bedingungen. Wenn sie sich freiwillig in eine Beziehung einbringen können, dann kann sich dies sehr erfüllend gestalten; wenn ein Hauch von Zwang aufkommt, können sie in eine völlige Verweigerungshaltung verfallen.

Das Liebesleben der „Ulme“

Die „Ulme“ benötigt in ihrem Beziehungsleben sehr viel Vertrauen. Wenn dies vorhanden ist, ist sie allerdings bereit und in der Lage, ihren gan-

zen Charme und Witz zu versprühen. Bei ihnen handelt es sich um Wesen, die mit großen Gefühlen ausgestattet sind. Diese Gefühlstiefe macht die „Ulme“ zu einem liebevollen Partner, der aber immer ein wenig Bewunderung benötigt. Wenn der Partner der „Ulme“ die richtigen anerkennenden Worte findet, neigt sie sich ihm liebevoll zu.
Ein Blick in die Natur zeigt es ganz deutlich, die Ulme nimmt niemandem Licht weg. In ihrem Umkreis darf alles wachsen, aber sie nimmt stets eine ganz besondere Stellung im Landschaftsbild ein. Sie wirkt würdig und einzigartig! Auch im menschlichen Liebesleben signalisiert eine „Ulme“: „Ich bin etwas ganz Besonderes!“

Die Zypresse

25. Januar bis 3. Februar und 26. Juli bis 4. August

Die im Zeichen der Zypresse Geborenen zählen zu den besonders kontaktfreudigen Geschöpfen des Baumkreises. Das einzige, was ihnen wirklich stark mißfällt, ist die Einsamkeit. Sie lieben die Geselligkeit, den Kontakt zu Mitmenschen, die fröhliche Runde mit guten Freunden. Mit einer „Zypresse“ wird eine Party in der Regel nicht in Langeweile erstarren. Sie verstehen es blendend, Gespräche in Schwung zu halten und die Diskussionen über jedes erdenkliche Thema anzuregen.

Sie sind witzig und lassen ihre natürliche Klugheit erkennen.
„Zypressen" zählen eher zu den unkonventionellen Typen. Sie lieben ihre ausgeprägte Unabhängigkeit und machen nichts lieber, als aus gesellschaftlichen Zwängen auszubrechen und eigene Wege zu beschreiten. Dieser Charakterzug hat den „Zypressen" schon häufig den Vorwurf eingetragen, sie seien die großen Egoisten des Baumkreises; und in der Tat kann man ein gewisses egozentrisches Moment bei der „Zypresse" nicht ganz von der Hand weisen.
Solange man diese Menschen nicht reizt oder herausfordert, können sie eine überaus reizende Gesellschaft darstellen. Ein entscheidender Fehler wäre es allerdings, sie unter Druck zu setzen oder wegen bestimmter „Verfehlungen" zur Rede zu stellen. In diesem Fall kann es durchaus zu heftigen Reaktionen seitens der „Zypresse" kommen, und man muß sich auf ein erhebliches Maß an Sarkasmus gefaßt machen. Zudem tauchen sie in eine innere Emigration ab und sind von nun an nicht mehr erreichbar.

Das Liebesleben der „Zypresse"

Die „Zypressen" lieben ihre Freiheit! Auch wenn diese lebensfrohen Geschöpfe eine Beziehung eingehen, so bleibt ihr Wesen dennoch stets ein wenig unergründlich mit unerschlossenen Tiefen. Sie können mit einem eher orthodox denken-

den Partner nur wenig anfangen. Der Mensch an ihrer Seite muß ebenfalls sehr unabhängig sein, viel Verständnis und Toleranz aufbringen und es verstehen, seinen eigenen Weg einzuschlagen.
Die Liebe gleicht bei der „Zypresse" einer Blüte, die sich öffnet bei Sonnenschein, bei Regen aber verschließt. Sie ist zwar immer anwesend, aber nicht immer verströmt sie ihren bezaubernden Duft. Wenn sie sich aber nach einer Zeit der Verschlossenheit wieder öffnet, erscheint sie in neuer, faszinierender Pracht und Schönheit.

Die Pappel

4. bis 8. Februar, 1. bis 14. Mai und 5. bis 13. August

Die im Zeichen der Pappel Geborenen gelten als klare Realisten und als die soliden Praktiker des Baumkreises. Sie sind mit einem klugen Kopf ausgestattet, einem Sinn für die täglichen Notwendigkeiten und der Zielstrebigkeit, den Dingen auf den Grund zu gehen. Sie sind nicht nur praktisch und strebsam, sondern entfalten auch eine gehörige Portion Ehrgeiz, mit der sie dann ihre hochgesteckten Ziele verfolgen.
Wenn man eine „Pappel" jedoch genauer kennengelernt hat, wird man in vielen Fällen feststellen, daß unter der harten Schale nicht selten eine verletzliche Mimose steckt. Da sie sich ständig der Gefahr ausgesetzt sehen, sich in ihrer Gefühlswelt zu verlieren und den Boden nicht

mehr unter den Füßen zu spüren, versuchen sie in ihren Emotionen mit Realismus und Vernunft zu reagieren. In dieser Hinsicht läßt sich für sie sagen, daß in ihrer Gefühlswelt eher die Theorie als die Praxis dominiert.

„Pappeln" sind durchaus aufgeschlossene Menschen, denen man sich anvertrauen kann. Sie zeichnen sich durch die angenehme Fähigkeit aus, zuhören zu können. Dazu analysiert ihr brillanter Kopf ausgezeichnet und mit großer Geschwindigkeit und behält das Erfahrene oder Herausgefundene mit Bedacht für sich. „Pappeln" können sehr gut Geheimnisse bewahren, allerdings hängt dies ein wenig auch damit zusammen, daß sie der Überzeugung sind, die ganze Angelegenheit sei für sie ohnehin völlig unwichtig.

Das Liebesleben der „Pappeln"

Die „Pappeln" sind in der Liebe ununterbrochen auf der Suche nach dem perfekten Partner fürs Leben. Wenn sie dann endlich zu der Überzeugung gelangt sind, dieses kostbare Wesen gefunden zu haben, sind sie durchaus bereit, dafür einiges aufzugeben.

„Pappeln" gelten wahrlich nicht als die erotischen Vulkane, die sich aus Leidenschaft in eine heiße Affäre stürzen. Ihre Form der Beziehung wird eher von Sachlichkeit und Vernunft bestimmt. Sie beobachten, wägen ab und stellen letztlich fest, ob man zusammenpaßt oder nicht. Wo liegt das Problem? Sie neigen auch wenig dazu, das exotische Element in ihren Beziehungen zu suchen. Das Gute liegt meist so nahe, warum also in die Ferne schweifen?

Die Zeder

9. bis 18. Februar und 14. bis 23. August

Die im Zeichen der Zeder Geborenen gehören zu jenen Wesen, die sich durch ein ausgeprägtes Selbstbewußtsein auszeichnen. Sie bilden im Baumkreis die klassischen Führungsgestalten. Sie fühlen sich als die eigentlichen Könige und legen einen nicht unerheblichen Wert darauf, auch von ihren Mitmenschen in dieser Rolle anerkannt zu werden.

Ein Wort, das für die „Zedern" zu den absoluten Fremdwörtern gehört – ist Kritik. Kritik findet nicht statt, denn an ihnen gibt es absolut nichts zu kritisieren.

Sollte tatsächlich doch jemand die Dreistigkeit aufbringen, ein kritisches Wort oder eine kritisierende Bemerkung an sie zu richten, dürfte er mit Sicherheit ziemlich schnell in Ungnade fallen. Eine „Zeder" zu kritisieren grenzt an Majestätsbeleidigung.

„Zedern" sind sich ihrer Verantwortung und ihrer bedeutsamen Stellung durchaus bewußt und füllen diese Position auch gerne aus. Aber

eines machen sie ihrer Umgebung von vornherein klar – es geht nach ihrer Nase! In der allergrößten Not würden sie sich ja mit der Kritik auseinandersetzen, aber es lebt sich eben so außerordentlich schwer für eine „Zeder" mit einem angeknacksten Selbstbewußtsein.
Das ist, als wenn sie mit einer Kreissäge auf du und du leben müßten! Entweder ist man jemand, oder man ist ein Niemand. Die „Zedern" haben sich hier schon ganz früh entschieden!

Das Liebesleben der „Zedern"

Eine „Zeder" wird ihrem Partner absolut unmißverständlich zu verstehen geben, daß es nur eine Nummer eins in seinem Leben gibt – nämlich sie! Sie wird an dieser dominierenden Führungsrolle niemals auch nur den geringsten Zweifel aufkommen lassen.
Diese Selbsteinschätzung hat nichts damit zu tun, daß „Zedern" nicht auch absolut liebevolle und fürsorgliche Wesen sein können. Ganz im Gegenteil, sie entwickeln in dieser Hinsicht beeindruckende Fähigkeiten.
Aber selbst bei aller freiwilligen Zuwendung und Hingabe an den Partner bleibt in jedem Augenblick unmißverständlich klare – wer in der Beziehung „die Hosen anhat"! Die „Zeder" spielt im keltischen Baumkreislauf jene Rolle, die der Löwe im Tierreich und in der klassischen Astrologie einnimmt.

Die Kiefer

19. bis 28. Februar und 24. August bis 2. September

Die im Zeichen der Kiefer Geborenen achten mit großer Sorgfalt darauf, stets auf der sicheren Seite des Lebens zu stehen. Sie sind nicht übermäßig experimentierfreudige Geschöpfe. Waghalsigkeit und Abenteuerlust zählen nicht unbedingt zu den Stärken der „Kiefer". Sie achten mit Bedacht darauf, daß ihr Leben in seinen großen und kleinen Zügen überschaubar bleibt und in geradlinigen Bahnen verläuft.
Die „Kiefern" zählen zu den sehr verantwortungsbewußten und überaus feinfühligen Menschen. Allerdings läßt sich nicht von der Hand weisen, daß ihnen ein wenig mehr Lebensfreude durchaus bekommen würde. Wenn ein Leben ausschließlich von der Vernunft bestimmt wird, kann es nicht selten vorkommen, daß ihm ein wenig „der Geschmack verlorengeht". Es wird steril rational und dadurch ein wenig fade. Und wem schmeckt schon immer die gleiche fade Suppe?
Im tiefsten Inneren ihres Herzens sehnen die „Kiefern" sich nach Abwechslung und ein wenig Aufregung. Immer wieder greift ein wenig die Angst um sich, sie könnten vielleicht etwas Wichtiges im Leben versäumen. Nur Mut also zum Ungewöhnlichen, möchte man einer „Kiefer" zurufen!

Das Liebesleben der „Kiefern"

Die „Kiefern" können sich in einer Romanze ganz schnell begeistern und über beide Ohren verliebt sein, doch leider kühlt die Begeisterung ebenso schnell ab, wie sie gekommen ist. Das hängt ganz einfach damit zusammen, daß ihre Vernunft mit klarem, unbestechlichem Blick schon nach kurzer Zeit beginnt, die zweifelsfrei vorhandenen Fehler des Gegenübers zu erkennen und zu analysieren. Und natürlich gefallen diese der „Kiefer" überhaupt nicht. Das Ergebnis dieser Einschätzung besteht dann in der genannten schnellen Abkühlung der heißen Verliebtheit. „Kiefern" fühlen sich vielfach zu selbstbewußten Partnern hingezogen, die ihren Ansprüchen genügen können. Allerdings achten sie darauf, daß diese mit einer gehörigen Portion Humor ausgestattet sind. Andernfalls würde es ja auch geradezu staubtrocken in einer so vernünftigen Beziehung!

Die Weide

1. bis 10. März und 3. bis 12. September

Die im Zeichen der Weide Geborenen sind außerordentlich tolerante Menschen. Sie ähneln ihrem Baum auch in der Hinsicht, daß sie außerordentlich biegsam sind. Wobei dies nicht im Sinne von „verbiegen" zu verstehen ist, als leichte, unkritische Beeinflußbarkeit, sondern eher im Sinne von Beweglichkeit. „Weiden" sind außerordentlich tolerant, lassen andere zu Wort kommen und wägen zwischen verschiedenen Positionen unparteiisch ab. Natürlich erwarten sie die gleiche liberale Einstellung auch von ihren Mitmenschen. Zeitgenossen, die ihre oder die Freiheit des Andersdenkenden nicht akzeptieren wollen, sind bei den „Weiden" ausgesprochen schlecht angeschrieben. Sie müssen sich darauf gefaßt machen, den „weidischen Dickkopf" zu spüren zu bekommen.

„Weiden" verfügen über ein sehr sensibles, äußerst feinsinniges und offenes Wesen. Sie sind allen dogmatischen Positionen gegenüber sehr ablehnend eingestellt und zeigen viel eher eine Sympathie für die Mystik und die esoterische Philosophie.

Es sind Menschen mit großem Tiefgang und Zugang zur eigenen Innerlichkeit.

Das Liebesleben der „Weiden"

Auch in ihrem Beziehungsleben zeigen die „Weiden" ein hohes Maß an Verständnis und Toleranz. Sie lassen dem anderen einen großen Freiraum, den sie aber auch für sich selbst beanspruchen.

Wenn zwischen der „Weide" und ihrem Partner eine tiefe emotionale Übereinstimmung vorherrscht, kann sie ein wirklich wunderbarer Part-

ner sein. Mit der „Weide" lassen sich dann wirklich Träume verwirklichen – und dies gilt für die „männlichen Weiden" ebenso wie für die „weiblichen Weiden".
Trotzdem sollte jeder, der mit einer „Weide" verbunden ist, ihren Freiraum respektieren, selbst dann, wenn sie ihn aus ihrer Toleranz heraus gar nicht vehement einfordert.

Die Linde

11. bis 20. März und 13. bis 22. September

Die im Zeichen der Linde Geborenen gelten als ausgesprochen mitfühlende Charaktere. Allerdings müssen sie sich mit dem Problem auseinandersetzen, häufig der für sie unangenehmen Realität entfliehen zu wollen. Dies geschieht vor allem dann, wenn Konflikt und Streitigkeiten am Horizont heraufziehen. Die „Linden" streben mit ihrem ganzen Wesen nach Harmonie und nach der Verwirklichung ihrer Ideale. Sie stehen mit ihrer Persönlichkeit vielfach in einem Spannungsfeld zwischen Traum und Wirklichkeit. Nur in seltenen Fällen gelingt es der „Linde", beide Aspekte in ihrem Leben in eine harmonische Einheit zu integrieren. In den meisten Fällen fehlt es der Linde an der Konsequenz, ihre Ideale auch umzusetzen. Wenn es ihr nicht gelingt, auch wenn sie die Kraft dazu hätte, bleibt häufig eine große Enttäuschung zurück.

Die „Linden“ sind äußerst friedvolle und auf Harmonie bedachte Wesen. Obwohl sie sehr verletzlich sind, ertragen sie in ihrem Leben oft viel zu viele Kränkungen, die kleine Narben zurücklassen. Für sie wäre es wichtig, in kritischen Situationen aufzustehen und einen Schlußstrich zu ziehen. Nur mit dieser konsequenten und entscheidungsfreudigen Lebenseinstellung wird es ihnen gelingen, das zu verwirklichen, was ihnen am meisten am Herzen liegt – die Vision einer besseren Zukunft!

Das Liebesleben der „Linden“

„Linden“ sind zu außerordentlichen tiefen Gefühlen fähig. Sie gelten geradezu als die „tiefen Wasser“ im Baumkreis. Sie sind in ihren Beziehungen auf der Suche nach dem anderen Seelenpartner, der sie ohne Worte in ihrem ganzen Sein versteht. Da die Anwendung der kritischen Vernunft nicht gerade zu den Stärken der „Linde“ zählt, weder der männlichen noch der weiblichen, betrachten sie am Anfang einer Beziehung ihren Partner oft durch eine rosarote Brille. Hinzu kommt, daß sie in nicht wenigen Fällen Selbstaufopferung mit wahrer Liebe verwechseln; doch beide haben wenig miteinander zu tun. Es kostet die „Linde“ häufig schmerzhafte Erfahrungen, bis sie den Unterschied wirklich verinnerlicht hat.
Die „Linde“ geht in ihrem Liebesleben häufig

durch große Schwankungen. Von himmelhoch jauchzend bis zu Tode betrübt reicht dabei das Spektrum. Wie in ihrem alltäglichen Leben, so kann sie auch in ihrem Liebesleben nur schwer Traum und Wirklichkeit auseinanderhalten. So kommt es nicht selten vor, daß „Linden" zumeist viele negative Beziehungserfahrungen durchleben, bis sie an den Richtigen oder die Richtige geraten.
Aber wie kaum ein anderer Baum verfügen die „Linden" über die Gefühlstiefe, diese schmerzhaften Erlebnisse in ihrer unergründlichen Seele zu verarbeiten.

Die Eiche

21. März – Der Frühlingstag der Tagundnachtgleiche

Die wenigen am 21. März Geborenen zählen zu den kraftvollsten Wesen im keltischen Baumhoroskop. Sie strotzen vor Vitalität und leben im Hier und Jetzt.
Sie sind praktisch nicht unterzukriegen, und wenn sie doch einmal einen schweren Rückschlag erleiden müssen, so rappeln sie sich schneller auf als jeder andere im Baumkalender. Hinzu kommt, daß „Eichen" durch Rückschläge keinesfalls Einbrüche hinsichtlich ihres Kraftpotentials erleiden.
„Eichen" sind die geborenen Mittelpunkt-Menschen. Sie zeigen sich zwar freundlich und

akzeptieren mit ihrer Toleranz Andersdenkende, aber sie lassen ihm auf keinen Fall den Vortritt! Es sind überaus temperamentvolle Wesen, die jemandem, der ihnen ihren angestammten Spitzenplatz streitig zu machen wagt, auf unnachahmliche Weise den Kopf waschen.
„Eichen" sind überaus gesellig und von großer Freundlichkeit – sofern sie an erster Stelle stehen. Wird jedoch ihr Selbstwertgefühl angekratzt, durch wen oder durch welche Umstände auch immer, so kann sich ihre Freundlichkeit und Toleranz blitzschnell in Egoismus und Aggression verwandeln, meist sehr zum Erschrecken ihrer näheren Umgebung.

Das Liebesleben der „Eichen"

Es wird niemanden verwundern, daß „Eichen" auch in ihrem Liebesleben ständig den Ton angeben müssen. Ebenso wenig überrascht es, daß sie durchaus darauf erpicht sind, genügend Bewunderung von allen Seiten, besonders natürlich von seiten ihres Partners, zu erhalten. Wenn dies der Fall ist und ihr Selbstwertgefühl keinen Kratzer erhalten hat, läßt es sich wahrhaft wunderbar mit ihnen aushalten.
In der Beziehung mit einer „Eiche" sollte man Kritik nur äußerst umsichtig und mit großem Vorbehalt anbringen. Ehe man sie plaziert, empfiehlt es sich zudem für alle Partner von „Eichen", frühzeitig in Deckung zu gehen, um

die emotionalen Explosionen unbeschadet zu überstehen. Eines muß man allerdings deutlich herausstellen: Langweilig werden Beziehungen mit „Eichen“ nur in wirklich ganz seltenen Fällen verlaufen!

Der Haselbaum

22. bis 31. März und 24. September bis 3. Oktober

Die im Zeichen des Haselbaums Geborenen suchen stets die Herausforderung. Sie lieben es, ein neues Terrain zu betreten und auf neuen, unbekannten Wegen bereichernde Erfahrungen zu sammeln. „Haselbäume“ müssen sich ihre Hörner abstoßen, um den eigenen Weg zu finden. Sie lernen selten durch Harmonie, sondern reifen vielmehr durch Schwierigkeiten. In der Überwindung von Problemen schöpfen sie jene Kraft, derer sie bedürfen, um ihre eigene, bessere Welt aufzubauen.

„Haselbäume“ gelten als ausgesprochen offene und freimütige Charaktere. Wobei ihre direkte Art nicht selten eine Herausforderung für ihre Umwelt darstellt und von nicht wenigen als brüsk empfunden wird. Sie hegen aber keinerlei böse Absichten, sondern sind im Grunde ihres Herzens sehr tolerante Wesen. Sie sprechen die Schwierigkeiten der anderen einfach nur deshalb an, weil sie ihnen auffallen; keinesfalls wollen sie ihr Gegenüber deswegen verurteilen.

Der Schwachpunkt der „Haselbäume" liegt vor allem in ihrer Launenhaftigkeit. Die Unberechenbarkeit ihrer Stimmungen treibt ihre Mitmenschen und ihre Lebenspartner nicht selten an den Rand des Wahnsinns.

Das Liebesleben der „Haselbäume"

Die „Haselbäume" können sich niemals mit dem „Normalen" abgeben. Stets sind sie auf der Suche nach dem Einmaligen, nach dem Besonderen, nach der ganz außergewöhnlichen Beziehung. Sie werden auch selten mit der sprichwörtlichen „grauen Maus" oder dem „grauen Mäuserich" auf einer Party auftauchen. Ihr Lebensgefährte sollte schon etwas hermachen. Schließlich wirft sein Erscheinungsbild ja auch ein bezeichnendes Licht auf den „Haselbaum" selbst.
Sollten Sie auf einer Party auf einen „Haselbaum" plus Anhang treffen, gilt die Alarmstufe „Rot". Im äußersten Fall ist Anschauen erlaubt; alles, was darüber hinausgeht, könnte in der Katastrophe enden. Kein anderes Geschöpf des Baumkalenders ist so rasend eifersüchtig wie der „Haselbaum"!

Die Eberesche

1. bis 10. April und 4. bis 13. Oktober

Die im Zeichen der Eberesche Geborenen sind mit einem ausgeprägten Gerechtigkeitssinn ausgestattet. Vor diesem Hintergrund läßt es sich leicht verstehen, daß die Eberesche stets um Ausgleich bemüht ist. In allen ihren Handlungen ist sie stets versucht, den Weg zur goldenen Mitte zu finden. In ihrem Umfeld sollte möglichst niemand zu kurz kommen oder übervorteilt werden. Sie bemüht sich stets, Harmonie für alle zu erzeugen. Man könnte so weit gehen, die „Ebereschen" als selbstlose Menschen zu bezeichnen, denn wie kaum ein anderes Mitglied des Baumkreises liegt ihnen das Wohl der anderen am Herzen.

Wie alle Dinge, so hat auch die Selbstlosigkeit der „Ebereschen" eine zweite Seite. Bei ihnen heißt sie Konfliktscheu! Nichts schreckt die „Ebereschen" mehr als Streit und Disharmonie. Um diese zu vermeiden, übernehmen sie gerne die Rolle des Vermittlers, die ihnen weit mehr zusagt als die Position einer Konfliktpartei. Die „Ebereschen" sind die vollkommenen Anpassungskünstler. So schlimm kann es gar nicht kommen, daß sie aus ihrer Ruhe gebracht werden. Irgendwo gibt es sicher eine Möglichkeit, das scheinbar Unvereinbare doch noch unter einen Hut zu bekommen!

Das Liebesleben der „Ebereschen“

Auch in der Liebe haben wir es bei den „Ebereschen“ eher mit den sachlichen, ruhigen Vertretern zu tun. Sie zielen darauf ab, eher langfristige, dauerhafte, beständige Bindungen einzugehen. Für sie spricht dabei, daß sie selbst zu den einfachen Partnern zählen, die Geduld und Gleichmut in eine Beziehung einbringen können und immer einen wachen Blick für die Bedürfnisse ihres Partners haben. Eine Qualität, die nicht zu verachten ist!

Die „Eberesche“ sucht in ihren Partnerschaften stets nach Harmonie und Vertrautheit. Die flammende Leidenschaft steht nicht unbedingt auf ihrer Visitenkarte.

Sie muß in der Verbindung auch nicht den Ton angeben, und es macht ihr nichts aus, als diejenige zu gelten, die nicht „die Hosen anhat“ oder nur „die zweite Geige spielt“. Wichtiger ist ihr, ohne große Konflikte ihre Beziehungen gestalten zu können.

Worauf die „Eberesche“ allerdings nicht verzichten möchte, ist Romantik und Zartgefühl seitens ihres Partners. Hier wird sie kaum Kompromisse eingehen, und Machos oder Blaustrümpfe wird man kaum als Partner bzw. Partnerin einer „Eberesche“ finden!

Der Ahorn

11. bis 20. April und 14. bis 23. Oktober

Die im Zeichen des Ahorn Geborenen gelten als die wahren Individualisten des Baumkalenders. Für sie gibt es kaum etwas Wichtigeres, als absolut frei und unabhängig zu sein! Freiheit und Unabhängigkeit sind ihre nicht verhandelbaren höchsten Werte.

Die „Ahorn-Wesen" zeichnen sich zudem durch großen Ehrgeiz aus, den sie allerdings mit viel Phantasie paaren, um so erfolgreich ihre Ideen durchzusetzen. Wenn Sie einem „Ahorn" mit dem Satz kommen „Das haben wir doch schon immer so gemacht", können Sie gleich wieder gehen. Er wird Ihnen vehement Widerstand entgegensetzen.

Die Wiederkehr des ewig Gleichen wird dem Freiheitsdrang des „Ahorns" widersprechen und seine Lebensbejahung dämpfen. Er sucht das neue Moment und die phantasievolle Umgestaltung der Dinge.

Unbedingt beachten sollte man im Umgang mit dem „Ahorn", daß man niemals seinen Freiraum einengt oder beschränkt; denn in diesem Fall können diese Geschöpfe in Launenhaftigkeit verfallen und wahrhaft ungenießbar werden!

Das Liebesleben des „Ahorns“

Einem „Ahorn“ liegt es überhaupt nicht, sich in seinen Beziehungen festzulegen. Mehrere lockere Affären gleichzeitig werden ihm stets lieber sein, als einen einschränkenden Trauschein in den Händen zu halten.
„Ist das alte Ideal der Ehe nicht auch überholt?“, so könnte eine der klassischen Fragen des „Ahorns“ lauten.
Sollte sich wider Erwarten ein männliches oder weibliches „Ahorn“ dennoch auf *eine* feste Beziehung einlassen, so sollte der drohenden Eintönigkeit seitens ihres Partners schnellstens mit Einfallsreichtum und überraschender Aktivität begegnet werden. Andernfalls droht die Beziehungskatastrophe!
Die im Zeichen des „Ahorn“ Geborenen lassen sich gerne anhimmeln, und ihr Partner ist gut beraten, diese Eigenschaft nicht aus den Augen zu verlieren.
Stets sollte er ein paar passende Worte bereithalten, wenn sein oder ihr „Ahorn“ wieder einmal von seinen vielfältigen Begabungen zu schwärmen beginnt.

Der Nußbaum

21. bis 30. April und
24. Oktober bis 2. November

Die im Zeichen des Nußbaum Geborenen könnte

man auch scherzhaft als „harte Nüsse" bezeichnen; denn wer als „Nußbaum" auf die Welt kommt, weist klare Prinzipien und feste Standpunkte auf. Es dürfte sich als äußerst schwierig erweisen, die Standpunkte dieser Menschen auch nur einen Millimeter in eine andere Richtung zu bewegen. Sie sehen ihre Ziele genau vor sich und wissen, wie sie diese erreichen können. In diesen Vorstellungen kann ihnen auch niemand einen guten Ratschlag erteilen, denn sie lassen schlicht und ergreifend niemanden mitreden.
Die „Nußbäume" gelten als die „Aufrichtigen" des Baumkalenders, die alles für den anderen tun, solange es mit ihren Prinzipien vereinbar ist. Dies liegt nicht zuletzt an ihrem geradezu ungeheuren Sicherheitsbedürfnis, das sich auf alle Bereiche erstreckt, von den Finanzen bis zu den Gefühlen. Jede Veränderung ist dem „Nußbaum" ein wahres Greuel!

Das Liebesleben der „Nussbäume"

Solange Gleichklang in einer Beziehung herrscht, tut der „Nußbaum" alles für seinen Partner. Er, der große Versorger des Baumkreises, kann sich für seine Lieben wahrhaft aufopfern. Allerdings gilt es zu beachten, daß er ein extrem eifersüchtiger Wächter der Familienschar ist und seine Prinzipien zur Anwendung gebracht sehen möchte. Hier können sich Konflikte mit andersdenkenden Familienmitgliedern anbahnen!

Der „Nußbaum“ stellt sein Liebesglück auf stabilen Baum, denn da soll es seiner Meinung nach auch ein Leben lang stehen bleiben. Es bedarf eines hohen Maßes an Geduld und Einfühlungsvermögen seitens seines Partners, um ihm die eine oder andere Veränderung schmackhaft zu machen.

Die Kastanie

15. bis 24. Mai und 12. bis 21. November

Die im Zeichen der Kastanie Geborenen sind auf der einen Seite Vernunftmenschen, auf der anderen Seite dagegen auch emotional geprägte Wesen. Es fällt ihnen allerdings nicht immer ganz leicht, sich im Widerstreit dieser beiden Pole zurechtzufinden. Sie versuchen zumeist, nach einem einmal gefundenen Ideal zu leben, dem sie gerne alles unterordnen. Dabei wirken sie recht radikal und verleugnen nicht selten ihre Gefühlsseite.
Für die „Kastanie“ gilt es stets, ein Ziel vor Augen zu haben, damit sie Durststrecken überwinden kann, wenn sie, wie es ihr häufig widerfährt, in eine innere Leere stürzt. Sie kann dann mit großer Genügsamkeit schwierige Lebensphasen durchstehen, weil am Ende des Tunnels ein Licht leuchtet. Sie lebt in Krisenzeiten ausschließlich für die Zukunft, in der sie die Ernte für alle Mühe einzubringen hofft.

Das Liebesleben der „Kastanien“

„Kastanien“ sind Familienmenschen, die auf eine feste Partnerschaft konzentriert sind. Auf sie ist immer Verlaß, und in einer liebevollen Atmosphäre können sie ganz in ihren Gefühlen aufgehen. Gelegentlich wirkt ihre Geradlinigkeit vielleicht ein wenig zu trocken und läßt nur geringen Spielraum für das Ungewöhnliche. „Kastanien“ sollten vielleicht daran arbeiten, das spielerische Element in ihrem Leben zu fördern. Wenn sie zu sehr in der Routine verharren, kann eine Partnerschaft verkümmern oder in Alltäglichkeiten erstarren.

Die Esche

25. Mai bis 3. Juni und
22. November bis 1. Dezember

Den im Zeichen der Esche Geborenen geht es um ihre Persönlichkeitsentfaltung, und zumeist gelingt es ihnen auch, zu starken Individuen heranzureifen. Sie sind unabhängige Naturen, die niemandem nach dem Mund reden und ihre Ansichten zu vertreten wissen. Dabei ist es den „Eschen“ egal, ob sie in das eine oder andere Fettnäpfchen treten. Man könnte sie als geradlinig bezeichnen, denn mit ihrer angeborenen positiven Ausstrahlung sind sie dabei, sich ein eigenes Bild von der Welt zu machen.

Die starke Ausstrahlung der kraftvollen „Esche“-

Persönlichkeit wirkt sehr anziehend und beeindruckt nicht selten durch ihr unkonventionelles Auftreten und ihren souveränen Umgang mit Autoritäten.
Diese Kraftpakete sind selten müde und scheinen unbegrenzt belastbar zu sein. Die ideale Besetzung für die ganz harten Jobs!

Das Liebesleben der „Eschen“

Die „Eschen“ zählen zu den ganz Wachen in der Welt der Flirts und der Partys. Mit ihnen darf diskutiert, gelacht, geflirtet und philosophiert werden. Und das nicht zu knapp! Eine geistreiche Unterhaltung, geprägt von freiheitlichen Idealvorstellungen, ist ein Muß für stabile „Eschen“. Diese Werte zählen in ihrem Liebesleben weitaus mehr als äußere Reize!
„Eschen“ sind Partner, die greifbar und verständlich wirken. Allerdings kennen sie kaum Hemmungen und erwarten diese freizügige und offene Einstellung auch von dem Mann oder der Frau an ihrer Seite.
Wenn in einer solchen Beziehung zwei Gleichgesinnte aufeinandertreffen, gibt es eine ideale Verbindung!

Die Hainbuche

4. bis 13. Juni und 2. bis 11. Dezember

Die im Zeichen der Hainbuche Geborenen sind die Ordner der Gesellschaft. Mit einem verläßlichen Charakter ausgestattet, gelten in ihrem Leben Qualitäten wie Pflichtbewußtsein, Fleiß und Verantwortung. Sie verlangen viel von sich und anderen, sind aber überaus gerecht. Sie scheinen die Sonnenseite des Lebens nicht zu kennen und vermissen sie auch nicht, denn in ihrem Leben geht es nicht darum, Spaß zu haben und durch den Sonnenschein zu tanzen.
Die nüchterne Art der „Hainbuchen" ist eine Herausforderung für alle leichtlebigen Menschen. Sie haben geradezu die Strenge und Disziplin gepachtet und überfordern nicht selten sich und andere. Dahinter steckt jedoch keine Gefühlsarmut, wie oft vermutet wird, sondern einfach ein gerades, aufrechtes Wesen, das sich nicht um die Meinung anderer schert.

Das Liebesleben der „Hainbuchen"

„Hainbuchen" sind Wesen, die hervorragend die Rolle des Beschützers übernehmen. Sie fühlen sich sofort verantwortlich für die ganze Familie, mag diese es wollen oder nicht. Diese Geschöpfe benötigen einen stabilen, verläßlichen Partner,

der ihnen ab und zu einen Spiegel vorhalten kann.
Die Liebe ist für sie eine völlig selbstverständliche Angelegenheit und erfordert von daher auch keine besondere Aufmerksamkeit. Sie leben in ihrem Liebesleben nach dem Motto: Je unproblematischer, desto besser!

Der Feigenbaum

14. bis 23. Juni und 12. bis 21. Dezember

Die im Zeichen des Feigenbaums Geborenen sind die Künstler unter den Baumkindern. Diese phantasievollen Menschen sind mit einer reichen Intuition gesegnet. Man findet unter ihnen starke Persönlichkeiten, die allerdings von einer sehr verletzlichen Natur sind. Sie haben feine Antennen, die ihnen schnell Stimmungen und Veränderungen anzeigen.
Die „Feigenbäume" unterliegen starken Gefühlsschwankungen, für die sie ein Klima der Geborgenheit benötigen, um nicht in depressive Zustände abzugleiten.
Oftmals schützen sie ihr verletzliches Wesen durch eine rauhe Schale. Sie blühen auf, wenn ihnen ein kreativer Freiraum gewährt wird, und offenbaren dann ihr freundliches Wesen, das voller Tiefgang ist.

Das Liebesleben der „Feigenbäume“

Die „Feigenbäume“ sind sehr empfindsame, ein wenig zerbrechliche Geschöpfe. Sie benötigen einen Partner, der ihnen ihre Wünsche von den Augen abliest und ihre zarte Gefühlswelt beschützt. Er muß, um ihre Schwankungen aufzufangen, selbst über ein sehr stabiles Wesen verfügen.
Wenn die „Feigenbäume“ eine liebevolle, geborgene Atmosphäre vorfinden, können sie sich zu ausgesprochen sinnlichen Partnern entfalten. Sie sind dabei sehr auf ihr Gegenüber bezogen und möchten ihm oder ihr alles sein. Wird ihre Sicherheit jedoch gefährdet, können sie sich sehr schnell zurückziehen und eine Schutzmauer errichten, die dann nur schwer zu durchdringen sein dürfte.

Die Birke

24. Juni

Die wenigen im Zeichen der Birke Geborenen gelten als die dezentesten Geschöpfe des Baumkreises. Sie weisen eine positive Grundeinstellung auf und machen kein großes Aufheben um ihre Person. „Birken“ sind freundliche Menschen, die man gerne um sich hat. Sie wirken im Stillen, sind hilfsbereit und übernehmen gerne Verantwortung. Allerdings wissen „Birken“ auch, was

sie wert sind – und das reicht ihnen. Nur selten findet man Prahler unter diesen Baumwesen.
„Birken" verlieren selten die Kontrolle und lassen sich nur schwer zu Gefühlsausbrüchen hinreißen, da sie diese nur schwer beherrschen könnten. Ihre Freundlichkeit wirkt auf andere Menschen jedoch wie ein Quell des Lebens, dessen frische Wasser sie von Trübsal reinigen.

Das Liebesleben der „Birken"

„Birken" fühlen sich zu Hause am wohlsten. Wenn sie einmal eine Beziehung eingehen, so ist sie von Dauer. Am liebsten wäre es ihnen, sie wäre für die Ewigkeit geschlossen! Sie werden selbst nicht den geringsten Zweifel an der Dauerhaftigkeit ihrer Verbindung haben, denn die Birken zählen zu den treuesten Geschöpfen im ganzen Baumkreis.
Leidenschaft zählt allerdings zu den Fremdwörtern für die „Birken". Sie ist ihnen schon aus dem Grund verdächtig, weil sie sich selbst in ihren Fluten nicht mehr wiederfinden würden. Da lassen sie es lieber sachlich und ruhig zugehen in ihren Liebesbeziehungen.

Der Olivenbaum

23. September

Die wenigen im Zeichen des Olivenbaums Gebo-

renen gehören zu den verschwiegenen Menschen, denen man jedes Geheimnis anvertrauen kann. Streit verabscheuen sie zutiefst.
Sie sind ernsthaft, aber es fehlt ihnen ein wenig die Lebensfreude. „Olivenbäume" sind gewissenhafte Menschen, die ihre Aufgaben zielstrebig ausführen und von einem großen Pflichtbewußtsein gesteuert werden. Sie müssen jedoch lernen, das Leben etwas leichter zu nehmen.
Bei den „Olivenbäumen" handelt es sich um tüchtige Menschen, denen man getrost die schwierigsten Aufgaben übertragen kann. Vor lauter Pflichtbewußtsein kann es ihnen geschehen, daß sie ihre eigenen Probleme vergessen und eines Tages erstaunt vor dem Scherbenhaufen ihres Privatlebens stehen.

Das Liebesleben der „Olivenbäume"

Die Liebe ist nicht unbedingt ihr angeborenes Betätigungsfeld, auch wenn sie irgendwie schon wissen, daß Emotionen zum Leben gehören. Ihnen wäre ein Partner zu wünschen, der über eine gehörige Portion Verführungskunst verfügte.
Es wäre jedoch erforderlich, daß er eine gefestigte Persönlichkeit aufweisen und nicht nach Komplimenten heischen würde. Wer bei einem „Olivenbaum" auf Komplimente oder gar Süßholz wartet, der könnte darüber grau werden. Für sol-

che „Mätzchen" hat ein echter „Olivenbaum" nun wirklich überhaupt keine Zeit – und Lust schon gleich gar nicht.

Die Eibe

3. bis 11. November

Die im Zeichen der Eibe Geborenen gelten als die Undurchschaubaren. Um ihre sensible, feinfühlige Art nicht zu erkennen zu geben, weben sie einen undurchdringlichen Schleier um sich. Sie sind nicht immer eindeutig in ihren Gefühlen und schwanken zwischen trüben Stimmungen und Phasen großer Kreativität.
„Eiben" sind abenteuerlustige Menschen voller Unternehmungsgeist, die auf ihre Intuition vertrauen und sich nicht um die Meinung anderer kümmern. Sie zählen zu den großen Individualisten im Sternkreis, die ihre große Verletzlichkeit gerne hinter einem dicken Panzer verbergen. Außerdem ziehen sie es vor, lieber auszuteilen als einzustecken. Sie sind kluge Köpfe und kritische Beobachter und durchschauen Menschen schnell. „Eiben" sind Geschöpfe, die sich fast nie hinters Licht führen lassen.

Das Liebesleben der „Eiben"

Für sie ist ein humorvoller Partner eine echte Bereicherung. Er wirkt ausgesprochen positiv auf

ihr Wesen, das sonst eher seine Erfahrungen auf dem düsteren Feld der Schwermut sammelt. Fühlen sich „Eiben“ jedoch gut verstanden und geborgen, können sie eine unerwartete Sinnlichkeit entfalten.
Sie entwickeln dann äußerst kreative Ideen und ungewöhnliche Aktionen, die das Liebesleben zu einem echten Abenteuer machen.
Für „Eiben“ ist die innere, die seelische Übereinstimmung ein entscheidender Faktor. Erst wenn es im Innenleben funktioniert, kann die Beziehung auch auf der äußeren, der körperlichen Ebene erfolgreich gestaltet werden. Umgedreht wird es mit einer „Eibe“ nicht laufen.

Die Buche

22. Dezember

Die wenigen im Zeichen der Buche Geborenen sind ausgesprochen sachliche Menschen. Sie wissen genau, was sie vom Leben zu erwarten haben.
Sie neigen daher nicht dazu, ihre Ziele und Erwartungen zu hoch zu stecken. So werden sie selten enttäuscht.
„Buchen“ tun keinem Menschen etwas zuleide. Sie sind geradlinige Menschen, die den Erfolg schätzen, aber nicht auf Kosten anderer. Sie gehören zu den Verstandesmenschen, die wenig Zugang zu allen Arten von „Gefühlsduselei“ haben, wie sie es nennen würden. Sie gehen

streng nach Plan vor und hassen es, sich auf ihrem Weg von anderen eine Pause aufzwingen zu lassen.

„Buchen" zählen sich nicht zu den Revolutionären, nicht einmal zu den Reformern, sondern sie schätzen altbewährte Traditionen. Bevor sie einer Veränderung zustimmen, müßte ihnen schon jemand erklären, warum dies oder jenes unbedingt geändert werden müßte.

Das Liebesleben der „Buchen"

Die sachlichen, bedächtigen „Buchen" gehen Beziehungen auf Dauer ein. Sie halten eine Verbindung, die sie einmal eingegangen sind, auch auf lange Sicht gesehen ein. Das erklärt sich mit ihrem sehr bestimmten Naturell, das klare Vorstellungen von einer Zweierbeziehung hat. Sie gehen ganz natürlich davon aus, daß eine wirkliche, echte Beziehung Bestand hat. Etwas anderes ist für sie gar nicht vorstellbar. Aus diesem Grund können sie auch auf den Richtigen oder die Richtige warten.

Sie sind eher verschwiegene Menschen, und Leidenschaftlichkeit ist erst recht kein Thema, über das man öffentlich spricht. Wo kämen wir denn da hin! Doch sollte man sich nicht täuschen lasssen, auch die Leidenschaft gehört zur Buche! Allerdings muß man sich nicht darum bemühen, es wird sich von selbst ergeben.